前　言

家庭教育决定孩子一生的幸福，是一件断不可草率进行的工作。因此，作为父母购买阅读一些家庭教育书籍，了解家教的原则、原理、规律、方法等是十分必要的。但是，不少家长都比较忙碌，不太可能花太多时间、购买较多书籍。为了帮助广大家长、中小学和幼儿园教师们用最少的时间、在最短篇幅内直接获取科学、实用、具体、系列化的家教方法，悟得家庭教育的真谛，我们查阅、收集了大量的家教书籍、资料，通过吸收和借鉴，精心编写了这本汇聚家庭教育妙方的务实、管用的家教工具书。

本书针对家教时经常遇到的各类实际问题，逐个拿出组合化、系列化的实用妙方。直接展示妙招，不做理论分析，不搞长篇大论，简明、精练、便捷。可以说，每一则妙方都是家教专家和父母们智慧和心血的珍贵结晶！同时，本书收集了古今中外名人接受智慧教育和名人巧妙教子的故事以及普通家长的巧教故事。

全书分为实用技巧篇和巧教故事篇两部分。实用技巧篇为组合化的具体妙方；巧教故事篇为具有代表性的巧教故事，是妙方的具体体现，寓妙方于故事中。两个部分互为印证、补充，构成一个家教妙方体系。

一条“妙方”可能使您的孩子从此与众不同、终身受益，一个“故事”可能让您恍然大悟、如雷贯耳！全书具有较强的科学性、实用性、操作性、指导性、启迪性，堪称珍品，弥足珍藏，一册在手，优教必达。

CONTENTS

目录

实用技巧篇

智力开发类

德行教化类

学习辅导类

心理调适类

父母修为类

巧教故事篇

巧教育名人

名人重巧教

用心妙招多

实用技巧篇

智力开发类
德行教化类
学习辅导类
心理调适类
父母修为类

智力开发类

1. 母亲胎教

情绪感染法

孕妇的情绪和心理状态对胎儿的智力形成有直接的影响。愉悦的身心和良好的情绪可以增加血液循环，有益于物质交换，可促进胎儿的神经系统、感觉器官正常发育；而消极的情绪则会使血液中不利于神经和其他组织发育的化学成分增加。孕妇在恐惧、愤怒、烦躁、哀愁等消极情绪状态下，身体的各种机能都会发生明显变化，会影响胎儿的身体和大脑的发育，严重的会引起胎儿的循环障碍，甚至造成胎儿死亡。为此，要为孕妇创造一个安静、愉悦、祥和的环境与心境，用良好的情绪促进胎儿健康发育。

音乐熏陶法

研究表明，胎儿在五六个月的时候，对外界声音已有反应。胎儿最喜欢听的是优美、悦耳的声音。和谐、优美的音乐会使人感到恬静、舒适，也会使胎儿感到安全、愉快，胎儿会在母体内舒展地蠕动，由此促进身心健康发育。优美的音乐是孕妇给胎儿增加的良好营养“物质”。用音乐熏陶胎儿有两种方法，一种是欣赏音乐，产生美好的感觉，通过神经系统和血液系统，把美好的感觉传给胎儿；另一种是把耳机放在孕妇的肚子上，让胎儿自己欣赏音乐。市场上有专门的胎教音乐，如《秋夜》《我将来到人间》等。记住，嘈杂纷乱的音乐对胎儿无益反而有害。

语言刺激法

胎儿对经常在他周围说话人的声音，特别是父母的声音感受较强。因此，父母在与胎儿进行语言“交流”时，要呼唤小宝宝的名字，读儿歌、散文让胎儿“听”，和小宝宝进行简单的“对话”等。在同胎儿进行语言“交流”时，声音要亲切、柔和、缓慢，富有情感，并注意用语气声调的变化来感染胎儿。实验表明，用语言刺激胎儿，胎儿出生后对这些语言的感受力特别强，尤其是在母体内经常“听”到的词语。

触摸游戏法

适当的触摸可使胎儿大脑功能协调发展，孕妇入睡前，可放松腹部，将手放在腹部，轻轻抚摸，当胎儿踢肚子时，孕妇可轻拍被踢的部位，与胎儿玩踢肚游戏，让胎儿对外来刺激作出反应。但有习惯性流产史、早产史、早期宫缩者慎用此法。

饮食营养法

饮食要注意营养搭配，特别是高蛋白食物、维生素含量高的食物，诸如鸡、鱼、肉、蛋、菜、水果等。各种微量元素，如含有铁、钙、锌等的食物也不可少。不要偏食，要节制，淡滋味，少食辛酸生冷之食。一旦营养缺乏，会造成胎儿先天性佝偻病、贫血，且容易发生早产、流产、胎儿畸形等。给孕妇提供的菜肴应注意色、香、味、形、质的和谐统一，并按妊娠早、中、晚期制定食谱，以满足孕妇对营养的需要。

2. 父亲胎教

给胎儿“洗澡”

对于就要做父亲的你来说，每天下班后为解除身体的疲劳和讲究卫生，往往要洗上一个澡。洗澡后你感到十分舒服，精神恢复很快，心情也舒畅起来。那么胎儿在母体内躺久了，是否也有不适之感，需要“洗澡”来调节一下精神呢？对这个问题的回答应该是肯定的。然而给胎儿“洗澡”不一定要水，只需要用毛巾用手“洗”就可以了。方法就是当夫妇心情平和愉快之时，让你妻子仰卧在床，双目微闭，处于一种什么事情都可以想，什么事情都可不想的状态，你便将双手洗净，持一条柔软的毛巾（以棉纺品为最宜），在你妻子的小腹部及肚脐眼水平地来回擦洗，再分别沿顺时针方向和逆时针方向擦洗，接着又分别做“十”字形和“田”字形擦洗动作，最后再回到平行方向。这样用毛巾擦洗后，再用双掌重复一遍，擦洗方法与之前完全相同。但你要注意的是，动作一定要缓慢、细腻、温柔，用力一定要均匀，不能过重也不能过轻，以妻子感觉舒适为宜。每次“洗澡”的时间不能过长，但也不能太短，一般以 10 分钟左右为宜。“洗澡”完毕后，你的妻子会感觉到全身每一个细胞都温暖了，这将有助于腹中胎儿的发育。

和胎儿通“电话”

你一定知道胎儿在你妻子的腹内一天一天地长大了。有一天他似乎想蹦出母腹的狭小世界了，他一动，母腹便会微微地起伏，这就是胎动。我们把胎动当作胎儿给父母通“电话”，自然胎儿第一次给父母通“电话”，几乎都是由母亲“接”到的，但母亲千万别忘了把这个“电话”的内容告诉胎儿的父亲，以后的“电话”都让胎儿的父亲参与“接听”，那么你作为胎儿父亲，究竟怎样来接未出生的孩子给自己打来的“电话”呢？一般是有规律的，这个规律就是胎动的周期性，只要你掌握了这个规律就可以准时听到“电话”了。在听“电话”的时候，你先让妻子仰卧，全身肌肉放松，然后你将耳朵贴在妻子的肚脐眼附近，等待胎儿起伏的“电话”声，当你听到“电话”声之后，你可以轻声而爱怜地回答：“爸爸在这儿哩！”同时你把听到的声音告诉妻子，耳朵缓缓地在妻子肚脐眼周围移动，这时你的妻子自然很愉快，而胎儿呢，则通过母体感到了一种莫大的安全感和幸福感。如果你的耳朵不很灵敏，那么也可以借助听诊器来与胎儿通“电话”。

给胎儿讲“童话”

你的孩子虽然还未出生，但是我告诉你，他虽然不能直接“听”，但还是能间接“听”，只是要借助母亲这部“收录机”而已。不仅如此，我还告诉你，某些孕妇在怀胎期间也具有儿童的天真，爱幻想，并且其幻想有漫无边际、捉摸不定的特点。如果你的妻子也这样那就更好了。很多妻子在怀胎期间也喜欢听童话或其他故事，像安徒生及格林童话等。那么你就选择那些她最喜欢的童话或其他故事讲给她听。你和妻子坐在沙发上或睡在床上，轻柔地给她讲那些故事，她就会同你那未出生的孩子一起进入一种奇妙的境界。当然，你也可以同妻子谈工作或生活中的琐事。但是你必须注意，要把话题引向令人愉快的、激发人向上的、美好的境界。你妻子的快乐也是你孩子的快乐，你妻子的苦恼也是你孩子的苦恼。

3. 让孩子更聪慧

孕期多食蔬菜、水果

人的大脑沟回越多，头脑就越聪明。研究证明，多搭配一些植物性食物的孕妇，补充维生素等营养物质，所生的新生儿的骨骼和身体各部分结构会非常结实健康，大脑发育更完善。

让婴幼儿吃母乳

母乳中含有多种可促进婴幼儿大脑发育的活性物质，特别是一种叫作牛磺酸的特殊氨基酸。与牛奶相比，母乳中牛磺酸的含量高出 10 倍多。

让孩子吃好早餐

早餐如同一剂补脑灵丹。据英国研究人员测定，不吃早餐的儿童所获营养成分要比吃早餐的儿童少 10%～15%，不好好吃早餐，智力怎能不遭受损失?

让孩子睡好觉

法国科学家以 7～8 岁的小学生为对象观察到，孩子的学习成绩与睡眠时间长短关系密切。凡睡眠短于 8 小时者， 61%的学生成绩较差；而每晚睡眠 10 小时者，76%的学生成绩中等， 11%的学生成绩优良，只有 13%的学生成绩较差。

让孩子勤运动

美国一位博士的研究显示，凡每天坚持进行 20 分钟的跑步、健美操等运动的学生，其学习成绩明显优于那些懒于运动者。

让女孩多与父亲相处

常和父亲相处的女孩智商高，这是由父亲对孩子特殊的教养方式和父亲人格力量的影响所决定的。在与孩子交往中，父亲往往做一些创造性、自信心、独立性、社交能力都很强的事情，而且父亲在人际交往中的坦诚、粗犷，对新事物的探索精神和向往实现自我价值等特点，对女孩有着潜移默化的影响。

及时给孩子大脑“进补”

大脑细胞在代谢过程中需要大量的蛋白质来更新，注意膳食中蛋白质的质和量，就能提高脑细胞的活力。营养学家认为，理想的动、植物蛋白质比例为 1∶2，补充动物蛋白质应多食海鱼、海虾类。

4. 让孩子睡好觉

睡前表扬

孩子入睡前，父母适当夸夸孩子的优点与进步，不仅有益于培养孩子的自信与自尊，而且会使其轻松愉快地进入梦乡。有时也可以亲亲、抱抱的方式表达对孩子的赞许和肯定。

创造温馨气氛

睡前关掉强灯换用柔和灯光，放些轻柔的音乐，刻意创造一种温馨的睡眠环境和气氛。

让孩子独睡

孩子独睡能避免与大人睡一起时所受的干扰和影响，能培养孩子的独立性和大胆、勇敢的精神。

培养良好的睡眠习惯

针对孩子年龄特点，确定孩子的睡眠时间，并督促孩子养成良好的睡眠习惯。在正常睡眠时间中，不影响、不吵醒孩子。

鼓励适当的体育活动

成天坐着不动，较少体力活动，往往不易入睡。进行适当的体育活动，消耗一定的体力，则容易睡得香甜。

让动物玩具陪睡

孩子白天与动物玩具厮守在一起，晚上拥着它们入睡，晚间惊醒次数少，做噩梦的可能性也大为降低。与动物玩具一起睡，还可以培养孩子的爱心，长大后会有较好的家庭观念。

5. 指导做游戏

看孩子做游戏

看孩子做游戏是了解孩子的最好方式。父母可以从中了解到谁是孩子们最喜爱的游戏伙伴；什么样的游戏是他们最喜欢的；什么游戏主题是他们乐于进行的；在游戏中，什么麻烦将是他们感到最棘手和难以处理的。了解了这些，父母可以为孩子创设一个合适的游戏环境，从而使孩子在游戏中得到更多收获。

树立榜样

幼儿的游戏主要来自对成人的模仿。当父母与孩子初次结为游戏伙伴时，孩子们会模仿自己父母的言行与举止。父母应为有趣的游戏树立一个榜样，鼓励孩子参与游戏。如当孩子玩“去食品店购物”的游戏时，成人可以装扮成各种各样的去食品店购物的人，然后提一些问题和建议，使游戏得以进行下去。

与孩子一起玩

父母是孩子游戏中的一员，了解孩子喜欢或不喜欢什么，才有可能为孩子们挑选适合他们游戏水平的玩具，还可以建议孩子们在游戏中使用适当的游戏材料。必须牢记的是，应使游戏保持在孩子们的水平而非成人的水平，否则将阻碍而不是增进幼儿游戏的发展。

帮助扩展游戏范围

当父母作为孩子游戏中的一员时，已很好地了解了孩子的兴趣与技能，这时父母可以给一些新建议或新玩具让幼儿玩。有时他们会拒绝父母的建议，此时父母应尊重他们，也许这种拒绝正表明孩子们在制定或选择自己的主意呢。

为孩子们做游戏创设必要的条件

游戏计划可有效地推进游戏活动的进行。有几种方法来为你的孩子做个游戏计划。

给孩子们准备一个放玩具的地方，如一个低矮的架子，它可以供幼儿自己把玩具拿下放上。

帮助幼儿把玩具堆放整齐并保持下去。对那些老是乱放玩具的幼儿，以暂时不允许参加游戏作为惩罚。

提供一个让自己的孩子与别的小朋友共同游戏的机会，这样孩子们可以互相学习。

提供一个让幼儿选择游戏与成人为他选择游戏的均等机会。尽管幼儿能从成人为他们选择的游戏中得益，但他们更需要学习独自地、自信地作出怎样做游戏的决定。

帮助孩子进入角色

大多数幼儿在游戏中都乐意把自己假定为某类角色。如他们称自己是“爸爸”“妈妈”“医生”“宇航员”等。对大多数幼儿来讲，这一切都是自然的、自发的。父母可鼓励幼儿进行角色游戏，如可以提供一些旧服装，甚至可以穿上衣服帮助孩子装扮。这里还有个重要作用，即暗示你是支持他们、赞同他们这样做游戏的。

6. 训练手巧心灵

撕纸

这对儿童来说，撕纸是一种有趣的活动。不少年幼的孩子都爱撕纸玩，有时还把一些新的书刊、报纸给撕了。对此绝大多数家长持反对态度。殊不知，撕纸可以提高孩子手、眼的协调能力，锻炼孩子手部肌肉的灵活性，是一种有利于智力发展的创造性活动。有的幼儿园里还专门有让孩子撕纸的活动内容。如果孩子尚小还不知道什么可以撕、什么不可以撕，可给他一些干净的没有用处的纸来撕着玩；等到孩子稍大一些后，再教育他哪些是可以撕的或不可以撕的，并且随着撕纸的技能的提高，要渐渐地教他撕出一些比较复杂的图形，如汽车、轮船、小狗、星星等。

使用筷子

儿童心理学家发现，刚出生的婴儿脑的重量仅占体重的 12%，但三四岁时即可增至婴儿脑重量的 3 倍，到了七八岁则可长到成人脑重量的 90%。可见，这期间人脑的发育较身体的发育更为显著。如果这个时候能借用各种时机让手来使用各种器具，便会刺激脑部机能的发展。有学者研究认为，二至三岁的幼儿是学习使用筷子的最佳时机，学会正确使用筷子的儿童显得较沉着，注意力更集中，手指也更灵巧。

打字

打字可使儿童手指灵巧、反应机敏、注意力集中、记忆力增强、思维敏捷，从而开发脑功能。处于中等智力状态的儿童，通过这种方法训练后，多数智商较为优秀，学习也较为出色。

削铅笔

削可以牵动手指、手掌、手腕、手臂等多个环节和多条肌肉的相应活动，需要手与眼、手与手之间的协调配合，对大脑是一种很有效的锻炼，能促进孩子智力的发展。有人算了这么一笔账：假若孩子一天削 5 次铅笔，每次 3 分钟，那么他每天就等于做了一刻钟的“大脑训练操”。当然，要做好安全防护。

拣豆豆

把小豆豆撒在桌面上（或地上），让孩子用手拣起豆豆，一个一个往碗里（或瓶里）放。可以让他同小伙伴或家长比赛，看谁拣得快。拣豆豆可锻炼孩子手的灵活性。

玩沙子

沙子是一种天然的、取之不尽的游戏材料。幼儿的早期发育主要是感知运动的发展，沙子可以提供特殊的感知感。沙子有流动性，踩上去会下陷，从高处又可滑下，特别是抓一把时，指缝中沙粒的流动会给幼儿一种特殊的感受。用沙子做“装入倒出”游戏，更给孩子增添乐趣。孩子通过铲沙子，锻炼手的精细动作和肌肉的力量，可对小桶（容器）与沙子（内容物）之间的关系有初步理解；把装满沙子的容器倒扣过来，出现一个个造型时，会进一步发展幼儿对空间关系的认识能力。

练乐器

让孩子学习拉琴或弹琴等。按照乐谱使用乐器，不仅能有效训练手指，而且和谐优美的旋律对孩子的脑细胞也会产生良好的刺激。

串纽扣

让孩子做串纽扣、串珠子、穿针线、玩跳绳等游戏，让孩子在游戏中动手。

学书画

让孩子学习书法、绘画、折纸、剪纸、拼图、粘画、塑形等，在丰富的活动中训练心灵手巧。

拆卸组装

拆卸和组装用螺母固定的玩具，如小汽车、拖拉机或掘土机等。上面的螺母必须能用手或螺母扳手松动。最好从零部件入手，逐渐转入整机。目前市面上有专门供孩子玩的可以拆卸和组装的玩具。

拼图游戏

家长可和孩子一起做拼摆活动，如图像组拼图、几何形体拼图、美术拼图、任意拼图等。开始最好由家长拼摆，留下少量游戏材料让孩子镶嵌，逐渐过渡到由孩子独立操作。

泥工制作

泥工又称泥塑，即以橡皮泥或面团为材料，塑造泥体制品。泥工所用的胶泥，性质柔软，可任意改变形状，孩子们可用来制作实物、动物或人物等。

剪纸粘贴

剪贴材料可以是报纸、杂志、图片、树叶、商标、糖纸、碎布等。剪贴工具有小剪刀和胶水。家长可带领孩子按主题剪出各种图案，在纸上摆好，然后依次粘贴、压平。

徒手折纸

用长方形或正方形的纸，可徒手折叠成各种立体或平面的形象，如针线包、小船、猫头、衣服、裤子、仙鹤、青蛙、花篮等。开始用单张纸折叠简单的物体形象，逐步学习用两张以上大小不同的纸折叠组合物体。家长可以提前学习相关知识技能。

7. 带孩子亲水戏水

浸水、泡水

婴儿出生后即可将其经常放入水里浸泡，使之感觉到水的存在。

摸水、抓水

让婴幼儿握持玩具后再松开手去摸水、抓水。这样可促进手的触觉器官等感觉器官的发育，也可让他体会到水是抓不住的。

拍水、弹水

可促进手臂动作，并唤起由挥动小手带来水响、浪花这一因果的联想。

撩水、捧水

大人先示范把水用双手捧入一个容器内，再让幼儿逐渐模仿直至熟练、准确、平稳地将水注入容器内。这可促进手脑协调动作的发展。

踩水、踢水

有益于下肢站立、平衡等动作的发育，但练习时水不要过深，这可促进手脑协调动作的发展。

嗅水、尝水

取凉白开水、白糖水、汽水、淡盐水、果汁等几种汁水，先让幼儿用鼻嗅气味，再用口品尝，以便促进其嗅觉、味觉器官的发育，提高分辨各类液体的能力。

吹水、吸水

教幼儿用口吹水面，并告之这样会使热水凉得快一些，从此引申到吹凉热奶、汤及饭菜等。另外，在教孩子吹水的同时选用麦管、细塑料管等学习吸水，比如可边吸边吹泡。在玩的过程中就促进了幼儿吸吮、呼吸、吞咽等动作的协调发展。

淋水、滴水

当您与孩子淋浴时，可给他讲淋浴的益处，讲雨水浴万物的作用。也可示范用毛巾等物滴水，讲解水滴石穿、滴水计时等故事，从而让孩子明白做事应持之以恒，增强战胜困难的信心。

搅水、晃水

教幼儿用小勺等物品搅动容器里的水或饮料，让他仔细观察水面、水中可形成旋涡等形状的变化，可引申讲解洗衣机的应用原理和搅拌的基本常识。教幼儿晃动杯、瓶等透明容器里的水，观察当容器倾斜时水面的变化，进而讲水平仪的应用等知识，以提高幼儿的认知能力。

接水、端水

让幼儿懂得并掌握应该用哪种器具去接取自来水、茶水等，并端到使用方便的地方，尽早让他们能自理日常的生活用水。

舀水、盛水

教幼儿学会用小或方便的物品舀水，用大或平稳的物品盛水，同时介绍勺、瓶、壶、桶、缸等舀水器具的概念及相互间的区别，锻炼其辨别能力。

倒水、浇水

让幼儿学会怎样倒开水、茶水以及往什么地方倒脏水。如果家里种有花草也可以让他浇浇花，以启发他们认识水与植物生长的关系。点燃一片纸，再用水浇灭，以示水能灭火的道理和救火的基本方法。

挤水、拧水

当孩子模仿大人学着洗手绢、袜子、毛巾、小衣服的时候，您可以抓住时机，教他们将物品中的水分拧出、挤出，同时应告诉他们为什么洗完毛巾、衣服后要拧的道理，这也是锻炼握力的好机会。

喷水、冲水

当孩子要求玩喷水的游戏时，家长不必一味禁止，除告诉他们应注意的方面外，让他们在玩喷水枪等玩具时，体会怎样才能使水喷得又高又远，给他们讲一讲水的压力。当拉水箱时，讲水流的动力作用及其危害等易懂的知识，如水力发电、洪水的危害等。

划水、截水

节假日到公园去划船，可启发孩子注意观察体会水的浮力、阻力，顺便讲一讲行船的奥妙。当孩子在室外有泥沙的地方“修渠挖沟”时，可以讲一点拦截阻挡水流的简单方法，讲一讲堤坝、闸门的一般构造、作用和建造方法。

潜水、游水

洗脸时，可让孩子把脸浸入水内，学会憋气，体会如何在水中憋气、呼气的方法，以鱼类、潜水艇为例讲解潜水的原理。有条件的情况下，可让幼儿到游泳池中去玩水、游泳。这对幼儿的生长发育极有益处，同时也可培养幼儿的胆量、气魄。

烧水、洒水

让幼儿观看用火炉或煤气炉、电炉、柴灶等烧开水的全过程，讲解热的传导和开水的温度等常识。晴天时，可将水洒在室外地上，让幼儿亲自观察水从有到无的变化，然后再讲水的气态变化过程，也可以简单地讲解一下水分子的构成。

冻水、化水

先将少许水置入水槽内放进冰箱，冬天可放到室外，使之冻结成冰，再加温至完全融化。让幼儿仔细观察温度对水的影响。

沥水、滗水

让幼儿观察怎样把洗过的青菜上的水沥干及滗出淘米水的，以扩充幼儿的知识面。

测水、量水

让幼儿了解可以用许多方法测量、记录、计算水的深度、温度、面积、体积、重量等。可以讲讲曹冲称象的故事。

8. 做游戏培养绘画兴趣

数字游戏法

让孩子写数字 2，并把 2 的“尾巴”拉长一点，然后在下方添加一笔，一个正在浮水的鸭子就跃然纸上了。又如用数字从左至右， 6、 5、 4、 2 上下排列， 3、 7 并排排列， 8、 10 上下横躺地组合在一起，一个戴帽子的人像就画成了。这种游戏法画画十分有趣，容易吸引孩子的注意力，从而激发孩子学画的积极性。

故事游戏法

幼儿最喜欢听故事，像小蝌蚪找妈妈、小猫钓鱼、龟兔赛跑等，故事中的动物形象都是孩子入画的内容。家长边讲故事边教孩子画，这样孩子既听了故事，又学了画画，还可以从中受到教育。

猜谜游戏法

先不说出所要画的内容，而是在纸上画出所要画的东西的基本形状，不画细节，让孩子猜画的是什么。如画小兔的头，先画出一个圆，让孩子猜，孩子猜画苹果，你却画上两只眼睛，孩子猜画人，你又画上动物鼻子和嘴加上几根胡子，孩子又猜画的是只猫，你却又画上两只长耳朵，最后是小白兔。这种神秘感，可使孩子产生好奇，孩子的情绪也就逐渐高起来。这种游戏可以由大人画孩子猜，也可以由孩子画大人猜。

变色游戏法

找三个小瓶，分别装上红、黄、蓝三种颜色的水，再找一个空瓶，先倒入少量的红色水，然后再倒入同量的黄色水，并搅拌一下。不一会儿，孩子会发现这两种颜色水混合变成另一种颜色的水了。用同样方法把红色水和蓝色水混合，黄色水和蓝色水混合，会发现它们变成紫色水和绿色水，让孩子根据家长演示的方法和步骤连续做几次，这样孩子在玩中就了解绘画中简单的色彩知识了。

手影游戏法

借助灯光用手做各种姿势，通过投影让孩子观察墙上的影象，他们会发现影像中有的像小兔，有的像马，有的像鹰，有的像小狗，然后让孩子模仿，并学画这些动物。这样，孩子在玩中画、画中玩，既锻炼了双手的灵巧度，又锻炼了孩子的观察力。

吹画游戏法

把调好的颜色水泼或洒在图画纸上，然后取一根细塑料管，让孩子尽情地去吹散这些颜色水，吹开后，颜色水呈自由放射状，一幅清晰、自然的图案画就呈现在眼前了。

滚画游戏法

让孩子用废纸卷成团，蘸上颜色在纸上滚动，滚出来的花纹像大理石花纹一样，也可让孩子用木珠、瓶盖、螺丝帽等实物蘸上颜色印在纸上，即画成美丽的图案画。

补缺游戏法

先把物象的主要形体画出来，让孩子补充添画次要部分和细节。如画熊猫，先把熊猫的外形画出来，让孩子补充添画眼睛或耳朵。又如画人，家长先画一只眼睛、一只耳朵，让孩子补充添画另一只眼睛和另一只耳朵，然后再画上鼻子、嘴，人就画成了。要注意关键的地方由家长画，画时要强调一下，以便引起孩子的注意。

改错游戏法

将所画的物象故意错画或漏画孩子不注意的部位，让孩子通过观察把错画的地方或漏画的地方改过来或添画上。如将小兔的尾巴画长，小鸭的嘴画成小鸡的嘴，小猫没画胡子等，随后给孩子几分钟观察时间，让孩子改过来或添画上，鼓励孩子找得快、准。通过这种游戏，可以锻炼孩子的观察力，培养他们耐心和认真、细致的习惯。

图画捉迷藏游戏

在一张纸上画一头大象，不画鼻子，要孩子先看准部位，然后把眼蒙起来，再去画鼻子，结果往往画错了位置，会出现意想不到的效果。也可以让孩子把大人的眼蒙起来，让家长来添画，与孩子同乐。

粘链条游戏

引导幼儿在玩玩做做中按一定的色彩序列粘链条、贴色块，强化幼儿对色彩的认识，也可以鼓励孩子进行创造性的色彩序列的粘贴。

9. 培养幼儿口头表达能力

重视直观学习

根据幼儿思维具体形象的特点，学习词语要结合幼儿常见的、特别感兴趣的事物进行。例如，亲人的称呼、喜爱的玩具、爱吃的水果、动物的动作等。并注意化形象为具体。如讲“一闪一闪”这个词语时，可伴以手电筒的一关一亮的具体演示。

寓语言学习于游戏之中

幼儿的学习积极性很大程度上取决于兴趣，通过游戏学习语言是一种很好的方式。例如，玩“公共汽车”游戏，儿童可以根据自己扮演的角色进行语言练习。

丰富幼儿生活

丰富的生活是发展幼儿语言的源泉。带儿童到户外观察大自然，到公园、游乐场、商场等地游览。通过观察可以扩大儿童的眼界，丰富生活，发展思维想象力，提高语言表达能力。

创造良好环境

家长要用普通话给孩子们绘声绘色讲故事，注意语音、语法要正确，语言要简练、明确，句子要完整。

进行口语练习

家长要有意识地寻找儿童善于表达的话题，与儿童对话。例如“这是什么”“那个怎么样”“我要吃苹果”等句型练习，随时纠正幼儿不规范的语言，重视幼儿语言规范化。

10. 教识字

捉迷藏识字法

家长在画册中找出几个笔画较少的常用字，如“一”“个”“人”“大”等字。家长一次只指出一个字，如“大”字，先教会孩子读音，讲解字义，接着让孩子温习，然后家长让孩子独立在画页中找出藏在文字中所用的“大”字。这种方法既能使孩子牢记字形，又能提高孩子的识字兴趣。

贴标签识字法

在家庭常用物品、电器、炊具、门、窗上贴上写有名称的标签。标签可以用白纸、胶布等材料制成。用楷书工整地写上名称。有的名称如“热水瓶”可先写一个“瓶”字，等孩子掌握以后再加上“水”字，过段时间再添上“热”字。杯、碗可放在举目可视的地方。由于孩子经常能接触到这些物品，只要能叫出物品的名称，大多数孩子便能正确读出标签上的“字音”，了解“字意”，在不知不觉中记住了“字形”。这种方法又可称“潜移默化识字法”。当然，起初还需要家长的耐心指导，尤其是字的笔画、笔顺的指导。

看图识字法

家长可先搜集图案如公鸡、鸭、山、石等，剪下粘贴在一张白纸上，再在空白处写上名称，然后把它贴在显著的位置，每天教孩子认读几遍，同时还可进行书写指导。

象形文字改造识字法

家长首先教孩子认识“水”“田”“山”“羊”“马”等字，然后用不规则的线条画出“水”“山”等的象形字，接着用不同颜色的笔在象形字上描出现代的楷书字。这种方法使字的音、义教学自然过渡到字形教学，使孩子了解这些字的来源，对字的音、形、义有了更深的印象。这种方法只局限于象形文字的教学。

圈字识字法

当孩子认识了一些汉字以后，家长可以为孩子提供一些字迹较大的儿童读物、画报、海报等，让孩子用铅笔把认识的字圈起来，圈得多了，家长就可以和孩子一起阅读这篇故事或这段文字了。

踩字识字法

大人在地上写字或排一排字卡，让孩子读一个前进一步踩在字上。读对了才能前进到下一个字上，读错了原地站着。等把一行字全部认识了，才能走过“字河”得到奖励。

“钓鱼”识字法

在学过的字卡口别一根回形针，另外做一根钓鱼竿，再用一块磁铁系在钓线下端充当鱼钩，先将带回形针的字卡“撒”在地上，让孩子去钩。大人报一个字，孩子就快速找出那个字的卡片（“鱼”），然后将该字（“鱼”）的卡片钓起，看钓得是否正确、快速。还可设计两个“鱼塘”，放进同样多的“鱼”（字卡片），同大人比赛，看谁钓得又快又多。

“读错字”识字法

孩子刚认识某字，为了使他留下深刻的印象，父母可以故意读错该字，让孩子发现并纠正大人的错误，以此提高孩子识字的兴趣和自信心，同时使孩子对读错的字留下深刻的印象。

“开火车”识字法

每天学一个偏旁部首，然后将同一偏旁部首的字，像挂车厢一样挂在偏旁后面，挂的“车厢”越多越好。有熟字、有生字，前者温故，后者知新。如“讲”“话”“说”“语”“认”等。此法还能使孩子初步认识偏旁部首，懂得其含义，领悟形声字字义，增强识字能力，又能为学查字典打好基础。

11. 教学动词

在生活中教学动词

人们在日常生活中从事着多种活动，必然伴随着一个个具体的动作，这正是孩子学习动词的形象教材。例如，大人包饺子时，孩子最喜欢掺和进去，大人边干活边教孩子学说“和面”“切菜”“剁肉”“擀面皮”“捏饺子”等词语，并给孩子提供参与活动的条件。孩子把具体的动作与有关动词相联系，很容易理解和记忆。又如，带孩子到动物园观赏动物时，教孩子学说“孔雀开屏”“猴子吊在绳子上”“大蛇盘在缸里”“狼在笼子里窜来窜去”等句子，强调“开”“吊”“盘”“窜”的意思，孩子不知不觉就学会了。

看图片或听故事学说动词

大人引导孩子看图片或给孩子讲故事时，要做相应的动作给孩子看，并让孩子模仿动作，学说动词。例如讲《大公鸡和漏嘴巴》的故事，当讲到大公鸡“这里啄啄，那里啄啄”时，妈妈将拇指与食指捏在一起，在孩子手心里轻轻地做鸡啄食的动作，让孩子体会“啄”的动作。当讲到大公鸡啄弟弟的裤子时，妈妈可在孩子腿上做啄的动作，加深孩子的印象。又如讲《下雨的时候》中的“小白兔和小鸡一起顶着大叶子往前走”，为了使孩子理解“顶”的意思，大人可拿着报纸顶在头上做挡雨状，并给孩子一张纸，让他学小白兔、小鸡“顶着叶子往前走”的动作，孩子会很高兴地合作，也掌握了“顶”这个动作。

12. 数学启蒙教育

数一数

孩子学习的显著特点之一就是直观性强。数学虽是抽象的东西，但都是在具体事物的基础上概括出来的。因此我们在幼儿数学教学中就要从具体可观察的事物入手。当孩子会讲话后要教他经常数东西，上下楼梯可数数台阶，吃苹果可数数苹果等，在孩子 2 岁后会认物时要经常要求孩子数家中的物品，如家里有几张床、几盏灯、几个碗等，通过数具体的物体，让孩子形成数的概念。

比一比

在孩子会数数后，父母要经常让孩子辨别生活中所见的各种事物度与量之间的差异，如苹果的大小、铅笔的长短、人的高矮、树的粗细、道路的宽窄等，并经常让孩子掂掂轻重，分分左右，看看前后，辨辨上下，通过这些活动让孩子形成度与量的概念。

玩一玩

孩子好动、好奇心强，对感兴趣的事物能获得深刻的印象。游戏法是对孩子进行数学教学的最好方法之一，可起到事半功倍的效果。可用石子、棋子、火柴等物品让孩子在桌上玩数学游戏。如分一分哪堆多、哪堆少，让孩子在玩中不知不觉地学习。

分东西

父母可经常让孩子参与分配东西。吃苹果时可让孩子数一数共有几个，给爷爷、奶奶一人一个，再给爸爸、妈妈一人一个，孩子自己吃一个。吃饭时也可让孩子分筷子，通过分配活动，让孩子从中学数学。

分类

要让孩子经常做分类数数游戏。如用不同的扣子，父母要求孩子按大小、颜色、形状等进行分类，然后数一数大的有多少、小的有多少，红的有多少、灰的有多少，圆的有多少、扁的有多少，通过分类整理游戏，慢慢建立起孩子关于数群、集合的概念。

形象法

在孩子初步掌握 1～10 的数字后，可让孩子学习认读和书写。为了让孩子记得快而又有兴趣，可以采取形象法，编成儿歌进行唱读，让孩子把印象记忆与形象记忆结合起来。如可将 1～10 十个数字编成这样的儿歌： 1 像粉笔会画画， 2 像鸭子水上划， 3 像耳朵会听话， 4 像红旗哗啦啦， 5 像秤钩上有横， 6 像鸭梨把儿弯， 7 像拐杖会走路， 8 像一个大葫芦， 9 像一个倒悬 6， 10 像一支粉笔加 0 头。按上述儿歌教孩子唱唱、读读、写写，反复多次孩子就会掌握数字的读、写。

13. 玩手学数学

建立数字与物体对应概念

让幼儿自己点数十个手指，要求口手一致。一方面是因为有触觉，另一方面是因为手指是自己躯体的一部分，故幼儿对自己每一根手指的存在都有较清楚的认识，所以幼儿在点数自己的手指时不易漏数、错数，有利于幼儿较快地理解数字与物体之间的对应关系。

学数单数

让幼儿隔一手指数一个数，数出 1、 3、 5、 7、 9 这五个单数。为增强游戏的趣味性，可让幼儿将数出的单数手指伸齐，并将指尖拢在一起，搭成一个小帐篷。

学数双数

让幼儿将两只手的手指相交叉且握紧，然后先立起一对拇指，口数 2，再立起一对食指，口数 4，如此依次立起五对手指，伴随数 2、 4、 6、 8、 10 这五个双数。这个游戏很有趣，幼儿玩几回就能很快掌握双数概念。

正数与倒数

将两只手都呈握拳状，然后一个一个地升起手指，随口数 1～10，接着将已伸出的手指再一个一个地收回，随口数 10～1。一般来说，倒数比正数要难一些。注意倒数时，在 6 与 5 之间要有停顿，从而像念歌谣一样朗朗上口。

建立分类概念

让幼儿将双手伸出，家长可指出其中一只手的任一根手指，让孩子在另一只手找出相同的手指，由于两只手的对称性，幼儿可从中很快学会分类。

认识相邻的数

将幼儿的 10 个手指按照 1～10 依次编好号码，家长可任意提出其中某一手指的号码，让幼儿分别说出相邻两根手指的号码是几。这个游戏的难度较大，适用于 3 岁以上的孩子。

掌握“几＋1”的概念

让幼儿将双手握拳，先竖起一指，再竖起一指，口述“1 加 1 等于 2”，依次进行，直至“9 加 1 等于 10”。此法可使 3 岁以内的幼儿学会计算 10 以内的“几＋1”，还可使满 3 周岁的幼儿在充分理解了“几＋1”的概念后，能以此类推而计算出 10 以外的任一数加上 1 等于几。

建立减法概念

让幼儿将手指伸展后再逐一放倒，随口说出“10 减 1 等于 9”，依次直至“10 减 9 等于 1”。“几 − 1”不如“几 + 1”容易掌握，对于 3 岁左右的幼儿来说，只要能在此游戏中懂得越减越小的减法规律即可。

建立“零”的概念

将十个手指伸开又缩回，同时口述出“10 减 10 等于零”，依次进行直至“1 减 1 等于零”。由于这个游戏直观性很强，特别是幼儿对“没有”这个现实的印象总是很深刻，所以 2 岁多的孩子能在玩几次之后，认识到零的存在及其基本含义。

学会计算“5 加 5 等于 10”

在幼儿已具备了一只手有 5 个手指，两只手有 10 个手指的概念之后，让幼儿先伸出一只手，五指展平，随口述出“5”，然后将另一只手叠放在其上且击掌出声，同时述出“加 5”，继而将叠放的两只手分开且并排摆齐，十指均呈伸展状，随口讲出“等于 10”。这套动作节奏感强，直观性强，对称性强，趣味性也很强，幼儿往往玩得很投入。因此，一个 3 岁左右的幼儿很可能不知“2 加 3 等于几”，却能很熟练地述出“5 加 5 等于 10”并能理解其含义。

学会比较

家长可在幼儿的手指中挑出最长的，让孩子找出最短的，或是家长指出最粗的，让孩子选出最细的。利用手指的不同，幼儿可学会理解高矮、胖瘦、长短、粗细等对应关系。由于幼儿对自身的兴趣总是强于其他事物，所以他们常常是兴致勃勃地参与到这项观察之中。此游戏较适合于 2～2.5 岁的幼儿。

14. 动手操作学几何

比一比，量一量

如孩子在理解体积概念时有困难，家长可准备两个同样大小的水杯，里面盛满水。用橡皮泥捏出两个体积大小差异较大的泥块，用细绳扎住后分别放入两个水杯，让孩子观察水位的变化，当把橡皮泥块取出后，让孩子比较一下哪杯剩下的水多。反复操作几次，让孩子认识到体积的含义——物体所占空间的大小。同时，家长还可以让孩子用直尺、量角器、三角板等量具比一比、量一量一些小物品，如让孩子量一量字典、练习本、铅笔的长度，然后按顺序记录下来。还可以让孩子在住宅小区中，用步测、目测和实测的方法，测量小路的长度，楼房的长度和宽度，进而计算楼房的占地面积。孩子学会测量的方法是一种实际操作的技能，家长应经常带领他们进行测量活动，培养孩子学习数学的兴趣，培养他们的实践动手能力。

剪一剪，折一折

家长可准备小剪刀、纸片，让孩子剪（折）成各种图形。如让孩子把一个正方形折成四个相等的图形，并且把四个小图形剪下来比较一下。用折叠的方法看一看正方形、长方形、圆是否都是轴对称图形，有几条对称轴。

拼一拼，摆一摆

家长可利用以前的积木玩具，让孩子拼摆成各种建筑物的图案，也可以与孩子一起用塑料薄板或硬纸板制作七巧板，拼摆喜爱的图形。还可以帮助孩子用彩色纸制作若干小方块、小三角块，拼摆成大长方形、梯形、菱形、六边形等几何图形。

勾一勾

家长可以与孩子自制钉子图板，在钉子图板上用橡皮筋可以勾画出各种平面图形，同时也利于孩子更直观形象地理解图形间的关系。例如，在 5×5 钉子板上勾出长方形，再变成正方形、平行四边形、梯形等。图板钉子数越多，可勾画出的图形越多，发挥孩子空间想象力的余地也越大。

画一画

孩子认识了几何图形后，可让他画一画几何图形。低龄孩子可在方格纸上画图，大一点的就应在纸上独自画图了。家长还可以要求孩子仔细分析后再作图。例如，让孩子画出两个不同的长方形，使它们的周长都等于 12 厘米，或面积都等于 24 平方厘米。孩子做这样的题目可综合利用所学的知识进行思考、计算，再作图。这对提高他们的学习兴趣，调动孩子探索动机，培养孩子思维的灵活性、创造性，巩固空间概念大有好处。

15. 开发思维能力

续编结局

家长在给孩子讲故事时，可以有意不将故事讲完，而让孩子接下去自己想，编个故事结局。这样可以给孩子一个思考的余地，引导幼儿进行积极的思维。然后再将合理的结局讲给孩子听。

设置疑难

在幼儿游戏时，家长可以有意给幼儿设置难题，让幼儿想法解决。比如，孩子在玩小汽车时，妈妈可以说："前面有条河，没有桥，车子开不过去了，怎么办？"促使孩子去思考解决。

间接答问

如果孩子问："今天是几号？"你可以回答："前天是 5 号。"如果孩子问："表哥今年几岁？"你可以告诉他："表哥比你大 5 岁"。这样不直接告诉结果，而是间接地、拐弯抹角地回答，能留下余地让孩子思考，能较好训练孩子的思维能力，开发孩子智力，引导孩子善动脑筋。

引导幻想

家长要经常带孩子广泛地接触、观察、体验生活，丰富孩子的生活体验，鼓励孩子大胆地幻想，特别是符合科学性的幻想，在想的过程中，家长要适当地加以指导。

拼图游戏

家长可以找一些旧画报、日历片等，用剪刀将图剪成几块，打乱后让幼儿拼成一个完整的图。拼完后再让幼儿说说为什么要这样拼，也可以让孩子拼几何图形。

看图改画

在和孩子画图时，家长可以随手画一张错误的画，让孩子将错的地方找出来，然后让他将对的画上去，再问一下为什么爸爸妈妈画错了，错在哪里。

猜谜、编谜

家长可以根据孩子在日常生活中比较熟的内容给孩子出谜语或编谜语，让孩子猜，猜的谜可以由简单到复杂。在猜谜的基础上，还可让孩子学着自己编谜语，让父母猜。谜语是训练孩子思维的体操，多进行猜、编谜语的游戏，对孩子的智力发展大有好处。

玩棋

下棋是智力体操。家长可以根据幼儿的年龄选择一些棋类玩具，同孩子下棋，培养孩子灵活处理问题的能力。跳棋、动物棋、汽车大奖赛棋等都是发展幼儿思维的有效玩具。学龄前儿童也可以接触象棋、围棋、国际象棋等较复杂的棋类，大人可以由浅入深地进行指导。

复述见闻

每天饭后，家长可让孩子将他一天的所见所闻讲给家人听。这样既能帮助幼儿理清头绪，还可借此丰富幼儿的语言和知识，从而锻炼孩子的思维。

16. “对侃”开发智力

接龙法

主要是培养孩子思维连贯能力和语言表达能力，适用于 3～6 岁儿童。方法是父母和孩子轮流说一句话，说话人必须以前一个人说的最后一个词为开头第一个词。如妈妈说：“我家有个好孩儿。”孩子则可以说：“孩儿喜欢吃苹果。”爸爸接着说：“苹果树要施肥和浇水。”也可以用两个以上的词、词组接龙。如“山东”“东海”“海上”“上车”“车站”等。在接龙中，要求语言连贯通顺，表达清楚。大人一方要注意在自己的话中融进知识和趣味，另外要根据孩子的年龄控制接龙难度，不要出现冷僻词语。

比喻法

主要用于培养孩子观察力和想象力，适用于 2～5 岁的儿童。其内容是父母和孩子轮流把身边的东西组合成比喻，如妈妈说：“小明的胳膊像小藕。”孩子说：“妈妈的眼睛像星星。”看谁说得又多又好。父母要允许并鼓励孩子说出各种天真幼稚的比喻。

夸张法

主要用于培养孩子的好奇心和创造性想象力，适用于 3～6 岁的孩子。内容是以身上或身边的东西为出发点，进行想象和夸张。父母孩子共“侃”，看谁想得奇特。如孩子说：“爸爸的头发长呀长，一直长到天上，白云刚好给擦汗。”爸爸说：“小明的嘴真大，舌头一伸就是一个飞机场，上面可降落好些飞机。”这个活动开始时可让孩子模仿，然后鼓励孩子大胆创新。

逆反法

主要用于培养孩子逆向思维能力和应变能力，适用于3～5岁的儿童。内容是父母说一个词语或短语，孩子思考并说出其相反意义的词语或短语。如“长”对“短”，“高楼”对“矮屋”。这个训练开头不能过难，应逐渐加大难度。

关联法

主要用于培养孩子观察和发散思维能力，适用于3～8岁的儿童。内容是父母说出一个词语，孩子说出与之直接关联的词语。如爸爸说“牛”，孩子则可说“草”“牧场”“皮”“毛”“牧童”“斗牛士”等。这种训练对将来写作文很有帮助。在活动中，要尽可能地启发引导孩子进行广阔的联想，尤其是鼓励创造性的联想。

对偶法

对偶也叫对对子，是我国传统的思维训练法，它能培养儿童的定向联想和思维的严密性，颇受一些外国专家的称道。与儿童对对子要从最简单的开始，如“天”对“地”，“山”对“水”，然后逐步加深，如“猛虎出山”对“强龙入海”，“鸟儿快快飞”对“鱼儿慢慢游”。在活动中，不要过多讲究规则，要让孩子在活动中自己领悟体会。

17. 训练记忆力

图像训练

让儿童看一张图片，限定在一定时间内看完，然后将图片拿开，让孩子回忆说出图片内容、各种物体的数量等。

实物训练

观察商店橱窗里的商品，然后让孩子说出商品的名称、数量、价格、颜色等；观察公园里的花坛，然后回忆说出花的名称、颜色等。

数字训练

说出一个数字，让孩子重复说出。记忆并说出电话号码、历史年代、重大节日、门牌号等数字材料。

词汇训练

讲述或阅读一段文字，或让孩子自己读一个故事。然后复述内容，看能记住多少词汇，说出一些儿童熟悉的词汇，看儿童能记住多少。

理解记忆

分析、讲解记忆物的含义，让孩子在理解的基础上记忆。

强化记忆

硬性要求孩子多背一些诗歌、散文，记得越多，记忆力越强，而且越爱记忆。

科学记忆

将记忆内容编成口诀、儿歌、顺口溜、故事等，使孩子快速记住更多的内容。

德行教化类

18. 引导孩子分床睡

讲解分床的理由

分床前，家长要从正面耐心并深入浅出地给孩子讲清道理：为什么孩子要和爸爸、妈妈分床？是不是不爱孩子？要让他们从思想上明白，就像小动物长大要离开父母，独立去觅食、栖息、学本领一样，分床是孩子长大的标志。同时，家长还要随时纠正他们认识上的模糊观念，让他们初步知道每个家庭成员应具备的权利、责任与义务，克服自我中心意识，消除不公平感。

美化孩子的卧室

一个整洁、舒适、丰富多彩的优美居住环境，对于吸引幼儿的注意力、激发其兴趣相当重要。要让幼儿树立“这是我自己的房间”的明确意识，强化其主体意识和自豪感。还可引导他参观其他小朋友的住处，以引导其好奇心。如果住房条件不允许，可在父母卧室的一角放置一张小床，并精心加以布置。

给予更多的关爱

在可能的情况下，尽量满足孩子合理的要求，有意识增加和孩子共同活动的时间，入睡前多加爱抚，夜里常过去照看。分床的时机最好要避开冬季和孩子生病期。有的家长准备一些可爱的娃娃和小动物给幼儿当作睡伴，对幼儿感到孤寂的情绪也是一种小小的补偿。另外，夫妻在此期间要适当约束自己的举止，孩子在场的时候不要过分亲昵，以免诱发幼儿的嫉恨。

培养生活自理能力

不少幼儿依赖性强，是与其生活自理能力差分不开的。要减少分床引起的幼儿不适应程度，就要及早培养其自我服务的生活技能。如自己穿衣、脱衣、叠被，夜里独自便溺，打扫整理卧室和床铺等。只要认真训练，这方面的能力是不难获得的。

讲究灵活性

分床一旦开始，就应该坚持下去，不要因为幼儿的抗拒或抵制而轻易放弃。许多家长溺爱迁就，下不了决心。不过，个体独立意识的形成是一个渐进的过程，幼儿和父母分床而居并形成习惯不是一夜之间就能顺利完成的，反复也是难免。因此，当孩子偶尔以某种借口重新要求回到父母床榻的时候，父母也不必恼火，毕竟是幼稚、自控力差的孩子，视情况灵活处理即可：或婉拒，或容忍。只要决心已定，持之以恒，儿童独居的习惯一定可以形成并日臻巩固。

19. 让孩子安静

同孩子讲悄悄话

如果孩子吵闹，可以故意同他讲悄悄话，引导他安静下来。可以告诉他：“宝宝，你听着，我现在同你讲悄悄话，我的声音很小，你试试看能听清我说的是什么吗?”讲完几句后，孩子听清了一定很高兴。然后，再让他讲悄悄话，这样自然就会使孩子安静下来。

同孩子玩安静的游戏

如果孩子吵闹成了习惯，让父母不得安宁，可以同他做安静的游戏。可对孩子说：“宝宝，我知道一种新游戏，这种游戏叫‘安静游戏’，现在我们一起来玩。现在我们都不出声，就像小老鼠一样。咱们听听，可以听到各种不同的声音。你仔细听听，然后对我讲，看看听到了哪些什么声音。”这种游戏可以帮助孩子安静下来，还可以帮助孩子学会精神集中，听周围的声音，如鸟叫、汽车喇叭声、建筑工地的打桩声、工厂机器声、邻近其他声音等。

悄悄录下吵闹的声音

孩子吵闹时，可以悄悄地将他的声音录下来，同时再把他表现好时谈笑风生的声音录下来，然后，把两种声音对比着放给他听，让他区分美与烦人，达到自己教育自己的目的。

20. 巧治哭闹

提前预见法

父母应有预见能力，对孩子要进行仔细观察、了解和研究。当孩子需要什么时，你就已经提前考虑到了，并能及时满足，他就很少哭了。

不理睬法

如果一个孩子长时间地哭，其原因既不是受到了束缚，也不是因为饥、渴、冷、热或者身体不适，而是由于习惯执拗脾气或天生就爱无缘无故地啼哭，唯一能够纠正或防止这个习惯的办法，就是任他怎样哭也不去理他。这样，他哭了一阵子而毫无收效，自然就会擦干眼泪，停止哭泣的。因为谁也不喜欢做白费气力的事情，孩子也是这样。

分散注意力

儿童注意力的持久性差，极易分散，很容易被新奇的东西吸引。因此，当他们由于胡闹或倔强任性而啼哭的时候，有一个办法是可以阻止他们继续哭下去的，那就是用一个好看和吸引人的东西去分散他们的注意力，使他们忘记了哭。应用这种方法最重要的是，不要让孩子发现你们是有意分散他们的注意力，要让他们在不知不觉中就忘记哭。

镇静自若法

当孩子由于受了伤或由于某种痛苦而啼哭时，如果你不能够解除他们的痛苦，你就应当镇静，切不可用抚弄的办法叫他不哭。人们受伤时所感到的痛苦，往往不是所受的伤，而是恐惧的心情。如果你很镇静，不惊慌失措，像什么事也没有发生一样，那孩子也会镇静起来，创痛就会减轻许多。如果你一听见他们哭就殷勤地去抚弄他们，反而会使他们一阵阵地猛哭起来。

拒绝给予法

当孩子已经能够用说话的方式向大人提出自己的要求的时候，如果他还要哭闹着向你要这要那，无论他的要求是多么急迫，他的要求是多么“合理”，你都应当断然拒绝。如果你一看见他流眼泪就给他东西，那等于是在鼓励他哭泣。当他知道，你通过付出代价的方式让他停止哭闹的时候，他慢慢地就不会随便得到一点就了事的。日积月累到最后，他索取的代价会越来越高，以致你会付不起的。他如果哭了一阵子还达不到目的的话，就会更加拼命地哭闹，直到弄得精疲力竭。因此，最初不仅应当拒绝他，并且一旦拒绝了他，就应当毫不动摇，直到他停止哭泣。

21. 矫治多动症

转移注意

让孩子多做一些力所能及的事，或者安排一些需要长时间才能完成的事，让他把多余的精力和注意力转移到做事上，从而克服多动症。

动静结合

孩子的生活安排要注意动静结合。有动、有静，静态时间安排少一些，动态时间安排长一些。

避免刺激

不带孩子到刺激过多过强的场合，以免孩子因兴奋过度或心神不宁而对其行为无法控制。

规范行为

吃饭、睡觉、游戏、学习都制定相应的规范和原则，以约束孩子的行为，养成良好的生活习惯。

合理服用药物

咨询医师，合理用药，进行治疗。经过科学治疗，一般都能改善注意力，减少多动。

22. 治挑食

刺激食欲

父母尽量在食物色香味上下功夫。把饭菜做得香甜可口一些，颜色配搭得美观大方，餐桌、餐具都有讲究，一看就使人产生食欲，并且还可以用新花样来刺激食欲。

适当饥饿

让孩子挨一下饿，然后再让他们吃，当然并不是说要把孩子饿得太狠。食物不能凭孩子的兴趣经常更换，这样孩子挑食的毛病就有可能得到纠正。

造成良好的用餐气氛

用餐不能拖拉，父母要高兴地进餐，进餐时不要发生口角，也不要批评孩子。

增加运动量

注意让孩子锻炼身体，增加能量消耗，促进新陈代谢。孩子运动量增加，饿得也快，食欲也会随之增加，肚子饿了，孩子是很少挑食的，这时最好把孩子不太喜欢的食物给他吃一些，一旦习惯了，挑食的毛病就会得到纠正。

吃饭时停止一切活动

有的孩子喜欢吃饭时看电视、听录音、看书，吃饭便心不在焉，不好好吃饭。因此应严格规定用餐时间，用餐时不干任何无关的事。

减少零食

严格控制吃零食，尽量少给零食，或不给零食。

23. 让孩子爱吃蔬菜

讲胃宝宝、肠宝宝的故事

故事大意是:食物吃进嘴里，经嚼碎咽下后，就通过食道送给了胃宝宝，胃宝宝不停地工作，把食物“磨”得更细，再递给肠宝宝；肠宝宝把食物中的营养成分吸收了，送到身体的各个部分，这些营养使小朋友长高、长大。这个故事会给孩子留下深刻的印象。这时可趁机告诉孩子：胃宝宝、肠宝宝最喜欢吃蔬菜，有的小朋友不爱吃蔬菜，它们的意见可大啦，有的小朋友肚子痛就是胃宝宝、肠宝宝在闹意见呢!

把蔬菜藏在肉里

巧做蔬菜。比如，芥菜、韭菜、洋葱可切碎了加入猪肉泥、虾肉泥做馅，包成饺子、包子，或将鸡蛋做成鸡蛋皮，包成类似春卷的食品。还有胡萝卜、白萝卜、菠菜等，可剁碎了加入肉泥做成丸子，放在骨头汤里煮熟。小孩子一看到汤锅里的红、绿、白的彩色丸子，就会食欲大增，高兴地大吃起来，全然不知里面有蔬菜，等孩子爱吃了，再告诉他，这些美味都是蔬菜做成的。慢慢地孩子就会对蔬菜产生感情、爱吃青菜了。

用孩子喜爱的动物作榜样

吃萝卜的时候，告诉孩子这是小白兔最爱吃的食物，葫芦娃爱吃莴笋，黑猫警长爱吃小青菜。经常讲动物的故事，让孩子熟悉，有意编入它们爱吃蔬菜的情节。

引导孩子看小动物吃蔬菜

带孩子看小羊吃蔬菜，准备些鲜嫩的蔬菜同孩子一起喂山羊吃。山羊津津有味吃蔬菜的样子对孩子是一种诱惑。可以让孩子摸摸小羊毛茸茸、暖和和的毛，并告诉他：“山羊吃了很多蔬菜，才长出这么漂亮的羊毛；应该多吃蔬菜，才能长高、长大、长出又黑又亮的头发。”孩子听了一定会动心。此外，还可以观看小白兔吃胡萝卜、牛吃蔬菜，并就此加以诱导。

拿个爱吃菜的伙伴作榜样

身边有爱吃蔬菜的小朋友，有意创造机会，让孩子欣赏这位小朋友吃蔬菜的样子，让孩子与这位小朋友一起吃饭，比赛吃蔬菜，经常以这位小朋友为榜样，孩子的模仿心理和不服输心理，会使他也爱吃蔬菜。

念儿歌助吃蔬菜

收集与吃蔬菜有关的儿歌，教给孩子唱，或在吃菜的时候，有针对性地念给孩子听。如“小白兔，白又白，爱吃萝卜爱吃菜”“大白菜，真可爱，宝宝吃了长得快”“吃豆豆，长肉肉，不吃豆豆精精瘦”。

带孩子到菜地看蔬菜的生长

许多孩子只见过买回的软蔫蔫的蔬菜，盛在盘子炒熟的蔬菜。带孩子看看绿油油的菜地，青翠鲜活的菜叶，品种繁多的蔬菜，红、黄、蓝、绿等色彩鲜艳的果实，他们一定会对蔬菜产生亲切的感情，吃蔬菜时他们想到菜地的情形，心情就会不一样了。

让孩子参与做菜

根据孩子年龄特点，有意让他参与买蔬菜、择蔬菜、洗蔬菜、炒蔬菜（或者炒几下）等做菜过程的某些环节，他们会体会到成人的劳动过程，体会到劳动的乐趣，希望品尝劳动的成果。这样，他们就会抢着去吃蔬菜了。

24. 治“丢三落四”毛病

丢了东西不马上买

孩子丢了东西，先不要忙着给他买新的，过几天再给他买，让他强烈感受丢东西的痛苦。

大人故意“丢三落四”

带孩子出门吃东西、买东西时故意把钱包丢在家里，再带孩子一起费劲地回家去找。不断说“丢三落四”的坏处，表演几次，孩子自然会留下深刻印象，自觉克服乱丢东西的毛病。

东西丢了自己找

父母在日常生活中，不应什么事都替孩子做。孩子的许多东西让他自己放、自己拿，丢了自己找。慢慢他就会养成把东西放在固定地方的习惯，放整齐，带好不丢。什么都帮孩子做是导致孩子随便扔东西、丢东西的根源。

25. 克服侵犯他人行为

转移现场

当发现孩子有侵犯他人的行为倾向时，及时转移他的注意。一是转移现场，设法让孩子离开发生冲突的地方；二是转移问题，将发生冲突的问题暂时放下不提，先处理别的不至于发生冲突的问题；三是转移体力，属于体内能量积聚太多，需要发泄时，可以让孩子参加体育活动、体力劳动，消耗体力。

避免阅读暴力书画

不良的环境对孩子产生侵犯他人的行为有推动作用，那些带有暴力、武打、恐怖等情节的电影、电视、书刊等是孩子产生侵犯他人的行为的“教唆犯”，要设法避免孩子接触、阅读。

营造良好环境

有时候孩子的侵犯他人的行为可能是需要得不到满足造成的。在一个有充裕的玩耍时间，宽敞的室内、室外空间，多种多样的玩耍材料，以及适度的玩耍气氛的环境中，孩子的侵犯他人的行为将会大大减少。

训练自控

孩子有自控能力就不易发生侵犯他人的行为。从平时的小事做起，教育孩子学会克制、忍让，增强自控能力。

分辨是非

孩子的是非观念淡薄，分辨能力差，要用具体事例教会他们分辨什么是勇敢行为，什么是鲁莽行为，什么是互助，什么是哥们义气，什么是果断，什么是武断等，分辨清楚后，孩子会减少侵犯他人的行为的发生。

教会交流

教会孩子怎样说出自己的想法，怎样使用文明用语，倘若能够进行有效的语言交流，侵犯他人的行为就会减少。

父母表率

父母和周围的成人，要为孩子当好表率，不要遇事火冒三丈，骂吵打闹。让孩子从父母的身教中学会克制、忍让。

抓住时机

当孩子侵犯他人的行为发生后，不要置之不理，这样他会觉得他的行为是正确的；也不要体罚，这样他的行为会升级。事实上，侵犯他人的行为发生后，是孩子最脆弱的时刻，这个时候，家长应当冷静地用讲道理等方法，对孩子进行开导、启发、说服，这样会取得较好的教育效果。

26. 让孩子不乱花钱

讲明钱来之不易

一位女工每次领回工资以后，都要向儿子讲自己一个月如何风里来雨里去，如何在车间一站一天，腰酸腿疼才挣来多少钱，她的儿子从不随意向母亲要钱，每次买了东西都向母亲报账，余下的都交给母亲。

指导科学购物

孩子购物盲目性较大，花了钱买不上适用东西是常有的事。因此，家长要帮助孩子制订每个月的购物计划，引导孩子分析哪些东西这个月该买，哪些东西这个月不该买，让孩子学会科学合理地购物，花钱买到适用的东西。

让孩子记录个人支出

让孩子把上学期间所有用于个人支出而花的钱（有年月日，有物品名称，有价格，有数量），一项项全部记下来，看到不同时期花了多少钱，从而产生节约的意识。

给孩子零花钱

要使孩子成为一个精明、负责的消费者，能平衡收支。当孩子定期得到零花钱时，应该让他们掌握一种基本的生活准则：没有钱，就不买东西。

27. 引导孩子爱做家务

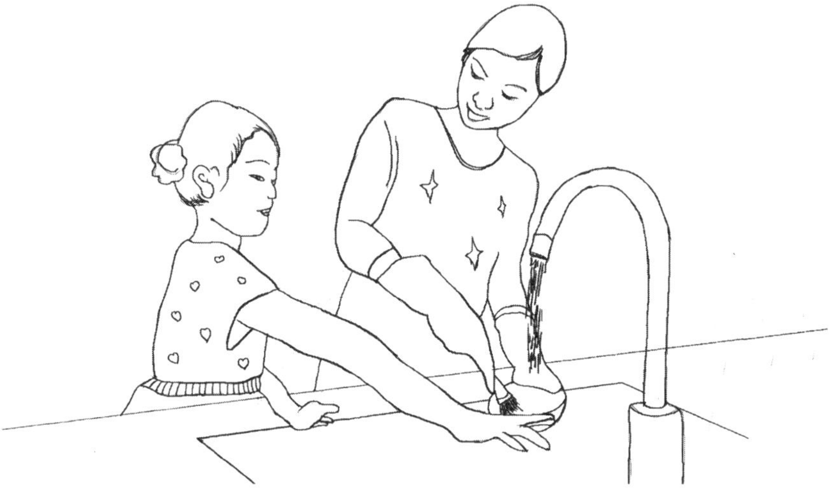

安排家务应符合孩子的能力

3 岁前的孩子，主要让他完成一些自我服务性的劳动。比如自己吃饭、穿衣；下雨天爸爸去上班，把雨衣送到爸爸手中等。随着年龄的增长，任务逐渐加重。

用具体明了的言行指导孩子做家务

指导年龄偏低的孩子做家务最忌讳下达抽象、不明确的指令。最好给他具体的指导，教他一步一步完成任务。比如告诉他：把图书摞在一起，放进书柜第一格；把积木在盒子里摆好；最后，把这辆小车开进“车库”。有了这些明确的指示，孩子才知道怎么做。

不怕“越帮越忙”

孩子有时做家务不得要领，越帮越忙，不要因此厌烦地把他支开，这样既伤感情又打击孩子的积极性。比如让孩子洗碗，如果没有洗干净，家长就悄悄再洗一遍。

用责任感激励

要经常使孩子意识到他的行为所产生的结果，以加强他的责任感，孩子没有完成分配给他的家务，父母不要代劳，如可对孩子说：“什么时候你把桌子擦干净了，咱们就开饭。”这样孩子会懂得他所起的作用，意识到他在家中所担负的一份责任。

锻炼孩子的耐性

刚开始做家务，新鲜感很浓，所以孩子干起来兴致勃勃。渐渐地新鲜感消失了，再遇上些困难，就会想打“退堂鼓”了。对此，父母不能放松要求。如让孩子做擦桌子、给花儿浇水等家务，工作量都不大，主要是在一些琐碎的家务上培养孩子的耐心。

不把家务劳动当成惩罚手段

孩子做错了事，就惩罚他做些家务活，这不仅不会使孩子真正反省自己的过错，反倒会使他对家务劳动产生抵触情绪。

28. 让生日过得更有意义

孩子生日妈妈过

孩子的生日是妈妈当年最痛苦又最伟大的日子。在孩子生日时，多讲妈妈的辛苦与伟大，让孩子为妈妈订蛋糕做点家务、做贺卡，是培养孩子热爱父母、孝敬父母的极好机会。

带孩子去买书

当孩子有了看书（画）的能力后，每逢孩子生日就特意带他去书店买书。爸爸、妈妈陪孩子一起挑选孩子最喜欢的书，对孩子来说是一件很快乐、很自豪的事。到书店购书，对孩子是一种很好的文化氛围熏陶，生日逛书店有奖励意义，对培养孩子爱学习、尊重知识有潜移默化的作用。

一年献一技

每年生日，让孩子表演一下他一年中学到的拿手本领，展示他最大收获或为父母做一件好事。如 3 岁唱支歌， 4 岁讲个故事， 5 岁画幅画，或做一道菜、洗一次碗、叠一次被子、洗一件衣物等。通过做这些活动，让孩子认识到自己逐渐长大了，产生自豪感、快乐感，同时也培养他对父母养育之恩的感激之心。

让孩子组织生日活动

从上小学开始，每到生日这一天，给他一定数目的钱，让他邀请一些同学、朋友来家开展活动，由他安排，主持整个活动。小朋友们可以送他一些小贺卡、小装饰类东西令他高兴，他则忙前跑后招待大家。活动主要包括：采购糖果、点心、饮料，做小食品、就餐、表演节目、玩游戏等。父母不干涉，适当给予指导，让大家玩得开心尽兴。这样的生日活动，能培养孩子开朗的性格和交际的能力，增长多方面的才干。

29. 强化合理行为

捕捉合理行为

孩子某一方面行为的出现，常常具有偶发性、随意性的特点，如果大人不能机敏地加以捕捉，就会稍纵即逝，失去一次教育机会。大人要有一副有准备的头脑，关注孩子的行为表现。生活中很多人由于心理准备不足，对孩子合理行为的表现往往不以为意，尤其对较顽劣孩子的合理行为表现更会视而不见，因而贻误了很多教育孩子的契机。

肯定合理行为

大人的肯定和鼓励实际上代表着评价这个过程，既可以使孩子知道什么行为是合理的，应当继续去做，又可以使孩子获得赞赏的体验，为合理行为的再现做心理上的铺垫。

促进行为再现

孩子需要大人引导，才能有合理行为的再现。方法主要是基于孩子的年龄特点，通过提示、设置情境等办法，引发孩子产生合理行为。

升华合理行为

孩子的合理行为通过强化有可能变得稳定，但如果没有理解合理行为的社会性含义，就会成一个“死点”，不会勃发出具有新意的合理行为。升华就是使孩子粗浅地认识到自己行为的合理性，即由行为转化为意识，这样，孩子就会人为地在一种思想意识的支配下，使合理行为的出现成为一种自觉的行为，由此形成良性循环，并螺旋上升。

30. 培养良好行为

游戏法

幼儿的全部生活内容只有一项：游戏。他们甚至把洗澡、吃饭、睡觉等都归入游戏王国中，他们通过游戏认识世界，认识生活准则，形成道德规范。所以家长应和孩子一起玩游戏，并利用游戏对孩子进行道德教育。游戏内容要健康、有趣、有吸引力。游戏中的主人翁应是好人，即正直的人、善良的人、助人为乐的人。如果游戏中有坏人，最后一定要让这些坏人受到惩罚。例如，“医生看病”游戏，“医生”一定要是个关心病人的人，是医术高明的人，时时为病人着想。“警察抓坏蛋”游戏，一定要 “民警叔叔”获胜。

示范法

幼儿喜欢模仿，父母的一言一行都会被孩子模仿。因此，父母必须以身作则，做孩子的楷模。夫妇间的矛盾不应在孩子面前暴露。父母不在孩子面前随便议论别人，涉及是非问题，要认真给孩子讲清道理，让他明白对在哪里，错在哪里，不要含糊其词。父母说话要算数。

自我管理法

从孩子能独立行走的那天起，凡孩子自己能做的事，鼓励他自己去做，并且让孩子知道做这些事是光荣的、有趣的。要以“力所能及”为原则，“养成习惯”为目标。如果孩子做得不好，不要责骂，而要告诉他如何做才能更好。

行为约束法

要从小约束孩子的行为。如父母在学习时，孩子不要吵闹，在公共场合不要随地大小便或乱扔东西，如果孩子随便扔废纸，家长不要代捡，而要鼓励孩子自己拾起来丢进垃圾箱。这样慢慢地使孩子养成良好的行为习惯。时时提醒孩子，不要因为他的某些行为损害别人。

故意忽略法

所谓“故意忽略法”，就是当孩子做出父母不希望的事情时，父母不用责怪、批评去强化孩子的这一行为，而是用忽略法去淡化它。具体方法有：看别处，与别人说话；打呵欠，表示无兴趣；走开，不听；做其他事，不要目光接触；不回答。总之不去注视你不喜欢的行为。如去幼儿园接孩子，妈妈要儿子穿上大衣，儿子不但不穿，还说：“你是猪！”如果妈妈阻止他：“不许这么说！”那么孩子会“猪！猪！猪！”地接着说。这时，如果你装作没听见或干脆走开，孩子的行为得不到强化，自然也就不会再继续下去。

暗示法

暗示法可分为语言暗示、榜样暗示、情境暗示、艺术暗示等。运用最广泛的是语言暗示。如父母带孩子去串门，会这样暗示孩子：“你见到李叔叔应该怎么说？”孩子就会说：“李叔叔好。”这就是语言暗示。这种暗示运用得很普遍。

31. 感化孩子

宽容法

孩子是受教育的对象，有缺点错误是难免的。对孩子宽容体谅是家长应具有的重要品质，也是一种感化孩子的教育手段。宽容体谅孩子的方式有：时间上的宽限，耐心等待孩子改正错误；态度上的宽容，不要打骂孩子；条件上的宽让，允许犯错误的孩子“讲价钱”，给孩子留有改正错误的机会；处理上的宽待，只要孩子讲真话，愿意改正错误，就不再处罚孩子。

爱抚法

用拥抱来传递父母的爱，或者至少轻轻接触一下孩子，让他知道父母在关心他，就会使孩子感到父母的爱和家庭的温暖。例如早上孩子上学前，为他整理一下衣服，叮嘱几句关怀的话；孩子做了好事，拍拍他的肩膀表示赞许；孩子受委屈哭了，替他擦去泪水，轻轻抚摸他的身体，表示安慰；吃饭时，替他夹一块菜。诸如此类爱的动作，往往会收到神奇的效果。

声感法

心理学家建议：教育孩子时最好使用低声调。这样做有四点益处：可以抑制孩子的情绪，可以增进父母与子女间的亲密关系，可以引起孩子对父母所说的话的重视，可以集中孩子的注意力。当孩子激动情绪冷静下来后，再来说服他，就比较容易了。如果歇斯底里地责骂孩子，有百害而无一利。

氛围法

就是指为孩子创造一个和睦融洽的家庭氛围。有两则资料很能说明家庭氛围对孩子的影响：根据某中学一个班的统计资料，全班学习成绩优良的23名学生家庭中，父母关系正常和密切的家庭占85%以上；研究资料表明，少年犯罪并不直接取决于家长的知识水平，而是取决于家庭的生活氛围，在少年犯罪者的家庭中，常常发生吵架和其他荒唐行为的占49%，家庭不和的子女中，有异常行为和违法行为的占68%。

32. 纠正偏差行为和缺点

满足——获得愉悦感

人的行为总是同需要紧密联系的。幼儿中枢神经系统发育不完善，知识经验不丰富，抑制能力较差。往往见到什么要什么，形成刺激—需要—行为的简单活动过程。只要我们给孩子以合理的满足，孩子得到反馈，就会产生愉快感，变得乖巧起来；否则，便采取哭闹等偏差行为手段，求得需要的满足。因此，我们应尽可能给孩子以合理的满足，避免孩子偏差行为的发生。

表率——潜移性默化

孩子最喜欢模仿成人的行为和语言，而父母则是孩子接触最多、最直接的模仿对象，所以，家长在孩子面前要起表率作用，用自己的规范行为来影响孩子的行为。这种学习不是手把手地教，而是一种无形的熏陶，潜移默化。大人一言一行都是孩子的镜子，在孩子幼小的心灵里，他们能够在家长长期的行为浸化中形成与父母类似的行为方式和行为习惯，并自觉地纠正已有的偏差行为。

提醒——准备性防范

幼儿虽小，但好胜、争强、自尊心理并不差，他们总想做个好孩子，然而由于受到大脑皮质兴奋与抑制过程的不平衡性影响，条件反射的形成较慢，且形成起来常常不稳定、不巩固，在缺乏强化的情形下容易消退。在孩子做某事之前，很难立即意识到“应该这样做”才是好孩子的规范性要求。这就需要父母的帮助，事前提醒孩子，让孩子在思想上有所准备，一旦开始做某事或进行某种活动就能有应答性的反射，按照一定的规范要求去做。例如，在安排孩子吃饭、睡觉之前，应先提醒孩子："现在应该吃饭了。"孩子会有规范性行为反射，顺从地去完成吩咐他做的事情。久而久之，不断强化，也就容易使孩子形成良好的行为习惯。

活动——锻炼性培养

家长不可把孩子管得太严，应当尽可能地让孩子参加游戏、体育锻炼、家务劳动等活动。通过活动，使孩子调节自己的感情，掌握自己的行为；通过活动，特别是劳动，培养孩子办事认真的态度和责任心以及良好的劳动行为习惯。

打岔——移境性缓解

当孩子的某种无理要求难以实现而采取偏差行为时，我们可以采用打岔的方法，即通过转移情境来改变孩子的注意力，使其兴奋中心发生转移。例如，孩子已经有了两架飞机玩具，他还要再买一架，这时我们就可以给孩子讲故事、出去散步、做游戏或让孩子去干些自己喜欢做的事情等，以缓解他非要不可与不能满足的矛盾，避免偏差行为的继续进行。

鼓励——激励性催促

要适当地"捧捧"孩子，避免过多地说"不行"。孩子喜欢家长夸奖，在父母要他做某事之前，只要夸他是"乖孩子，真听话"，即使他在做有趣的游戏也会乖乖地听从安排，做应该做的事情。如果孩子做错了事，我们不仅要向他指出来，更重要的是鼓励他改正缺点。

体语——无声性控制

孩子对父母的一些细微的表情、动作变化非常敏感，他们很会看父母的眼色行事。孩子看到父母高兴的神色、赞许的目光，便会更加听话，进一步做好自己要做的事情；当看到父母摇头皱眉或有其他不愉快的表情，孩子会意识到自己行为的偏差，并能改正过来。父母用无声的方法教育孩子，这样可以避免训斥、强制等手段所造成的不良后果，达到预期的目的。

冷却——时间性转化

孩子有时为了满足自己的不合理要求，或虽是合理的但是当时不能满足的需要，会一意撒娇，哭闹不停。在这种情况下，父母要特别冷静，切不能被孩子的眼泪所影响。哭，往往是孩子想达到某种目的的主要手段。孩子往往一面哭，一面在观察父母的表情，这时你越是不忍心让他哭，他越觉得到满足的可能性大，也就越哭得厉害。如果下决心不理睬他，时间一长，孩子知道满足的希望没有了，同时又怕失去父母的爱，渐渐地就会安静下来。

在孩子面前指责其他孩子的缺点

当他人受到指责，自己在庆幸之余，还会虚心地检讨自己的缺点。因此，在孩子面前指出其他孩子的缺点，也是帮助孩子克服类似缺点的一种方法。

让孩子扮演特殊角色

遇到反复说教仍不改正的情况，可以替孩子制造一个能从另一角度观察自己的机会，即扮演角色。让爱欺侮他人者扮演被欺侮的角色，从被欺侮者的角度看自己多么可恶、可恨，从而自觉克服任性毛病。

消除紧张感

有很多父母都会为孩子晚上尿床而苦恼不已，心理学家建议不妨记得告诉孩子："尿床也不是什么大不了的事。"据调查，许多父母在试过对孩子说过这话之后，孩子便不再尿床了。孩子有了坏习惯、干了错事或偶尔考试不及格，精神已经比较紧张，父母再训斥"怎么又尿床了""为什么只考这一点分"等，孩子会紧张、惶恐，不知所措，很容易再犯类似的错误。相反，如果父母采取帮助孩子释放紧张心理、消除心理压力的方法，孩子便会恢复常态，下次小心点就是了。比如说“这次没考好不要紧，胜败是兵家常事，爸爸小时候也有考不及格的情况，只要善于总结就是了”，这种做法比那种严肃批评的做法更有利于孩子纠正错误。

以自信自语的方式提出孩子的缺点

当着面指责孩子，只会引起孩子的反抗。使用自言自语术，不直接和孩子正面冲突，而间接地让孩子知道父母的心意，便会使孩子在不排斥的情况下自然地接受。针对孩子某些缺点，可自言自语地提醒他。如“要是书摆放整齐多好”“要是天天按时起床就好了”等。

让孩子从行为的后果中接受教育

行为的后果使人不快，他自然改变自己的行为。孩子不肯好好吃早饭，到处跑，玩弄食物，把馒头、油条都糟蹋了，妈妈跟在后头又是哀求，又是威胁，似乎饭是为妈妈吃的。天天如此，妈妈为此又抱怨又哀愁。其实，当妈妈的根本无须骂，也无须求他，他不吃就把饭收起来，像在幼儿园里一样，不到中午不许再吃。孩子用不了很久就会要吃的，这时只要坚持住不到中午不开饭，那么，肚子饿这一不吃饭的后果会比母亲的任何责罚都更有效。

33. 培养快乐性格

让孩子选择

快乐是同指导和控制生活的感觉有联系的。如孩子被排除自主作决定的机会，由此而产生的无能为力的感觉，在心理上就不会愉快。父母可以抓住机会，在有关孩子的事情上，让孩子作决定，从而激发孩子的快乐情绪。

淡化物欲

家庭心理学家罗斯蒙德说，不贪图物质的孩子能够对仅有的感到满足，他们对分发给自己的东西更具创造性。不能让孩子感到幸福是建立在接踵而来的物质上。对孩子的购买需求不能无休止满足，要勇于说“不”。

鼓励广泛兴趣

快乐的人过着一种平衡的生活，因为他们有许多获得愉快的渠道。父母可以为孩子提供参与各种各样活动的机会。培育多种兴趣对擅长某一方面的孩子尤为重要，通常，这类孩子专心于他们的才能，孜孜以求，而排斥了其他的爱好，如果父母去帮助他们发现其他活动的乐趣，孩子就会更快活了。

转移注意力

当生活中的矛盾不能由改变态度获得解决时，父母应帮助孩子寻找可以获得安慰的事物，度过不顺心的日子，应当教导孩子学会寻找生活中的安慰，恢复到愉快的感觉中去，如听听音乐，读读书，骑骑自行车，同朋友聊聊，等等。

当快乐的父母

帮助孩子找到持久快乐的最佳途径之一，莫过于父母在自己的生活中寻求快乐。霍戴斯解释说，你能为孩子做的最好事情就是成为一个快乐、充实的人，来自快乐家庭的人更能成为快乐的成年人。快乐的子女，正是出自快乐的父母所树立的榜样。

34. 促进儿童社会化发展

鼓励积极投身儿童社会

从一定意义上说，孩子在与小伙伴交往中学到的东西比从家长身上学习到的东西更多。孩子之间的互相学习，是成人无法取代的。

创造条件

比如，有的孩子不能上托儿所、幼儿园，家长可带孩子到街心花园，或者有孩子玩的地方，找那里的小伙伴一起玩。家长还可以同朋友、亲戚、邻居、同事商量好，常带孩子互相串门，增加孩子之间接触、游戏的机会。

不多干预

孩子交往中出现冲突，家长不必过多干预。要相信孩子有能力处理好。这样可以培养他们自己解决问题的能力。即使一时解决不了，暂时分开，不久他们又会到一起玩。如此反复，孩子们就会懂得，同小伙伴相处要互相尊重，共享玩的欢乐，要相互配合行动，不然就会失去小伙伴。当然，事后家长可以给孩子讲解与人交往中应注意的事项，目的在于引导孩子正确处理人际关系。

不规定伙伴

有的家长只让孩子跟同龄伙伴玩，担心跟年龄小些的孩子玩没出息，长不大，跟大些的孩子玩容易受欺侮。其实这些担心都是多余的。跟小些的孩子玩，遇到问题需要他做主解决，对于锻炼、提高孩子独立思考和创造性地解决问题的能力很有利；同大些的孩玩，可以向他们学习一些知识和能力。因此，让孩子跟不同年龄的伙伴交往都有好处。

跟孩子平等玩游戏

这时家长要有一颗童心，注意体察孩子的心理和需要，使孩子感到好像是同小伙伴玩一样。有的人和孩子玩时不注意这一点。比如，爷爷同孩子下棋总是有意让孙子赢，久而久之，孙子就会以“常胜将军”自居。当他同小伙伴下棋时输了就不习惯，甚至哭闹。正确的做法应当是，下棋时大人应当像小伙伴那样有输有赢，引导孩子克服“以我为中心”的思想，培养良好的心理素质。

经常生活在集体中

尽量适时进入托儿所或幼儿园。在这个儿童集体小社会中，能丰富孩子们的生活内容，愉悦身心，弥补独生子女没有兄弟姐妹的缺陷，纠正和克服孩子在家里养成的一些不良习惯。孩子们在共同游戏中能够提高评判是非的能力，树立尊重他人、热爱集体、富于同情、珍惜友谊、团结互助等良好的道德品质。让孩子们在彼此交往中促进自身的社会化发展。

35. 塑造良好道德行为

美化生活环境

做到家庭居室的装饰美观大方，墙壁图画清新协调，各种摆设整齐有序，花卉错落有致，孩子房间舒适优雅，让孩子生活在美好的家庭生活环境之中，由爱家萌发爱家乡、爱祖国的思想感情。

净化艺术环境

对音乐、美术、舞蹈、影视、图书等，要选择那些思想健康、情趣高雅、知识性强的作品对孩子进行教育。清除那些淫秽、下流、暴力、凶杀、庸俗、低级、消极、落后、反动等内容的作品对孩子的腐蚀，净化艺术环境。

优化社会环境

一是榜样示范，用典型引路。用革命领袖、英雄模范、科学家等的崇高品质与作风对孩子进行启发教育，用父母及孩子的同伴好的言行影响孩子。要注意选择榜样必须具有现实性、典型性、权威性、情感性。二是团结友爱、与人为善。教育孩子能够团结他人做到谦让、文明、礼貌、尊重、关心，要乐于帮助他人。孩子交友要慎重选择，避免与有劣迹、品行不端的孩子交往。

行为练习

例如可进行礼貌待客练习、尊老爱幼练习（如让座、扶携等）、交通规则练习等。

情境练习

引导孩子以表演的方式思考和表现社会交往情境，以强化孩子的正确道德行为。例如，可以设置如下情境让孩子去处理：当遇到盲人过马路时，当下雨天别的同学没带雨具不能回家时，当好伙伴受到他人欺负时等。使孩子通过处理这些问题，提高道德水准。

实际参与

让孩子参与一些具有道德教育意义的活动。例如为灾区或为患病同学捐募，与贫困地区学校的孩子开展“手拉手”活动，培养孩子的同情心和互帮互助精神；参加拔河及其他团体竞赛活动，培养孩子团结协作精神；参加夏令营、郊游等活动，培养孩子战胜困难的毅力。

讲解说理

对于诸如日常行为规范、守则、规章制度等可向孩子讲解，有些内容要求孩子能记住、能背诵。对于一些难懂的道理要给孩子讲明白、说清道理。

议论评价

对孩子优良的道德行为予以表扬、赞扬和鼓励，进行正强化；对于不良行为予以劝诫、批评甚至惩罚，进行矫正。还可选取具有典型性、针对性的道德行为进行议论、评价，使良好行为得到肯定、发扬，不良的行为得到批评、遏制。

学习辅导类

36. 激发入学兴趣

故事启发

小孩子最爱听故事，可以给孩子说，故事是“藏”在书里面的，父母和老师都是从书里面找出来的，要找出故事就需要读书，只有爱上学的孩子才会读书，由此激发孩子学习的欲望。

解惑激发

小孩子好奇心强，不懂的就要问，不会的就想会。在回答孩子的问题以后，可对孩子说，只要上学读书，这些问题自己就会搞懂，使孩子认识到，上学能知道很多的事情，由此使孩子向往上学。

游戏操练

为了消除小孩子对老师的恐惧感，可让孩子参加老师上课的游戏，让孩子当老师，这样他就会与老师亲近了。

情境感染

带孩子到学校去，参观小学生的学习与生活，看老师怎样给学生上文化课、上体育课、上音乐课，看小学生做操、升国旗，开展课外活动，使孩子觉得上学很有趣、并不可怕。

37. 让孩子爱学习

带孩子参观大学

在孩子幼小时即向他灌输大学的概念。有机会路过一所大学应特意带孩子进去看看，到学校餐厅吃顿饭，到学校商店买些东西，带孩子参观大学优美的环境，参观大学生生活学习的主要场所，如寝室、食堂、教室、图书馆，看看大学生上课的情景等。出门旅游时，将参观大学纳入旅游日程中；孩子进入高中后，将一些大学的简介、简章拿给孩子看；有机会让孩子参加大学的展览、运动会、演讲会等。对孩子来讲，你无论如何介绍大学也只是抽象的，而当孩子踏进了大学校门，熟悉了学校的情况，就会对大学有亲身的具体感受，而这种感受、印象，正是激励孩子勤奋学习、努力上大学的巨大动力。

父母自身先“成龙”

孩子都以父母为榜样，父母的应很好利用这一点来教育引导子女。譬如你要孩子爱学习、爱读书，自己就当对学习、读书抱有浓厚的兴趣。工作之余回到家中，不是沉溺于游戏、娱乐，或垒“长城”，或打扑克，而是拿出一些时间，读书读报，或研讨专业著作。父母的行为本身，无形中告诉子女:读书学习是一件要紧的事，不然父母怎么那样努力呢？身教是无声的命令，不待父母催促，孩子的学习不知不觉就抓紧了。要使子女“成龙”，父母得先使自己“成龙”。

经常过问学习

孩子放学回到家，父母如能经常询问其当天在校学习情况，翻一翻他的作业，那将对孩子有很大的促进作用。小孩子是非常机敏的，他知道父母关心自己，在校学习自然不敢怠慢。有一些家长，对孩子学习不管不问，放任自流，到期末考试一看成绩很差，才大惊小怪，那就太晚了。

适时进行“校访”

家长和老师经常互通情报，共谋教子之计，是非常必要的。过去，教师进行家访是常有之事，而今，这种好的风气似乎淡薄了。在这种情况下，家长到学校走一走，进行“校访”，尤为必要。家长到学校去，不仅使孩子体会到父母对他的爱护、关心和期望，能激发孩子学习热情，而且老师感到自己的劳动被家长承认，人格尊严受到了应有的尊重，使其精神受到鼓舞。有些家长不知此理，不肯向学校大门迈进一步。孩子上学几年，问他孩子的班主任不知是谁，教室的位置不知在哪儿，甚至是哪个班的也不知道，这是不应该的。

经常夸奖鼓励

小孩子的自信心要靠大人培养。尤其是对于学习上出现困难和挫折的孩子，如果父母能经常地、及时地对他说“别灰心，只要肯努力，一定能行”一类的鼓励话语，对孩子将是莫大的鼓舞。如果父母看到孩子出点差错就斥责是“猪脑子”“好不了”，那孩子也许就真的好不了了。

多关注进步

中考或期末考试结束，孩子将成绩单递给了父母。做父母的，你的目光是盯住考了高分的那一科目，还是盯住考了低分的科目呢？你的眼光要盯住考了高分的那些科目。倘若父母看了成绩单，很高兴地对孩子说：“这一科竟考得这么好，说明你是有能力、有潜力的。好好干，别的科也会赶上的。”孩子一定很兴奋，并下决心把弱科学好。如果父母看罢成绩单，眼睛盯的是低分科：“这一科怎么只考了这么多？”孩子本以为在考好的科目上会受到赞扬，结果只在差科上受到了训斥，心理很不平衡，甚至灰心丧气。这对保持孩子积极向上的情绪十分不利。

让孩子自己查字典

小学生在学习中或课外阅读时，遇到不认识的字、不理解的词问父母，许多父母往往不经意地随口就告诉了孩子。这种做法是不妥的。这样做不但无法养成孩子查字典、自己找答案的自立习惯，而且还妨碍孩子对这个文字或词在脑子里加深印象的机会。孩子自己查字典，通过自己的劳动获得了知识，还可体验到成功的喜悦，对积极引发孩子的学习兴趣非常有益。

以反问代替回答

孩子提问题，父母常常直接提供答案。这种“父母教，孩子听”的做法，可能使孩子慢慢养成自己不善于思考、不知自己动手查资料的习惯，而一味依赖老师或父母。如果孩子问父母问题，父母反过来问他，使双方立场改变一下，效果往往更好。譬如说，孩子问的是一道求和的数学题，父母可反问孩子“求和有几种算法”。经过父母反问，启发孩子思考，可能很快就会做了。以反问代替回答，不仅可使孩子养成善于思考的习惯，而且，当孩子自己找到答案后，还可产生一种“原来我能行”的感觉，这种感觉对增强学习自信心是大有帮助的。

让孩子当“老师”

要当一个合格的老师，就得有丰富的、正确的知识和相应的能力，为了促使孩子更多、更好地学习、掌握知识和技能，可以鼓励孩子或创造条件让孩子当其他孩子的老师，这对孩子的好处是多方面的。鼓励孩子在很小的时候与其他孩子玩上学的游戏，给他们提供几个小凳子、一块小黑板、几支粉笔等，让孩子学当小老师，给其他孩子“上课”。鼓励孩子将他的技能与知识传授给他的小伙伴们。如果你的孩子会系鞋带，让他帮别的小弟弟、小妹妹去做；鼓励孩子加入辅导学习的小组中去。父母可有意向孩子请教一些简单的问题，培养他的成就感，这对培养孩子自信、激励孩子更好学习十分有效。如可问孩子某个字的标准读音、某字的写法，如何玩游戏，某些新的词汇的意思，电脑方面的知识等。当孩子在某些方面有兴趣和爱好时，可以让他给你讲讲他的体会见解等。

让孩子自己出试题

帮助孩子复习功课，可讲究点艺术和方法。如父母变换一下方式，让孩子出题大人做，然后再让孩子改，或者是有两三个学习伙伴的，互相出题互相改，孩子们学习兴趣立刻就高涨起来了。出题时，孩子不仅会尽可能地找本章节中的重点、难点，而且在改卷时，也会学老师的样子，得意洋洋地拿起红笔，仔细查找有没有错的地方。为了准确无误，孩子可能还要认真翻翻教科书。就这样，在出题和改卷子过程中，孩子不知不觉地做了一次很好的复习。

建立错题档案

孩子做功课时，可能出现粗心大意地将加号“+”写成减号“-”、乘号“×”写成除号“÷”等种种错误，为此，不妨为孩子建个错题档案。第一种形式是将孩子每次大考（中考、期末考试）卷子收集起来，妥善保管，让孩子经常翻看，以加深了解自己容易在什么地方出错，引起注意，使其起到暮鼓晨钟的作用。另一种形式，就是由父母将每次测试、考试中做错的题收集起来，重新誊写成一种新的试卷，让孩子重做，直到完全正确时为止。这对巩固已学过的知识，克服各科中的薄弱环节大有好处。

建立学习档案

家庭建立子女学习档案，可以记录子女成长的过程。收集积累子女生活资料，为科学地进行家庭教育提供有价值的经验和借鉴。同时保存对过去的美好追忆和对未来的向往，为孩子们积累最宝贵的文字材料。建立子女学习档案，可从小学开始，也可从幼儿园开始，把他们不同时期的学习成绩单、奖惩卡片、鉴定书、学生证、毕业证和学习生活中的照片、个人填写的简历等进行整理、分类、集中保管。

先玩后做功课

小孩子，玩耍是他们生活中的重要组成部分。可有的父母不知此理，孩子学习了一天，回到家中，本想玩一会儿，父母却要求“先把作业做完再玩”。事实上这种做法效果并不好。一是孩子很疲倦，做起来效率不高；二是为能早点玩而草率地写作业。为此，父母倒不如痛痛快快地答应孩子玩的要求，然后同孩子订个“君子协定”——玩到几点做作业，到时做作业也没话可说了，玩的目的既已达到了，做起作业来也就安心多了。

灵活处理不强迫

处理小孩子的事，也需要开动脑筋用些心思的。既要有原则性，也要有灵活性。例如，到了该做功课的时候孩子却正着迷于小人书或电视，这时父母不必催促，可以把时间作些调整，等到孩子告一段落的时候，再同他谈读书做功课的事。否则就算你逼他坐在了书桌前，打开了书本、作业本，他仍沉浸在有趣的故事情节中，是断然不可能集中精力做好功课的。与其如此，倒不如让他将那故事看完。

保护求知欲

小孩子好奇心强。有时他会把家中的收录机拆得七零八落，想看看一个方匣子为什么会说话、会唱歌；有时会把钟表拆开，想把里面的奥妙弄个清楚。还有的孩子会提很多问题，甚至将大人问得张口结舌答不上来。不少父母对这种现象缺乏应有的认识，感到孩子很“淘气，很烦人”，不是斥责一顿，就是不耐烦地将孩子支走。其实，父母这样做是错误的。孩子好奇心强、求知欲旺盛，父母应爱护并小心培植。对孩子的提问应满腔热情予以回答，决不能冷淡对待；否则，一个未来的天才可能被无知的父母扼杀在摇篮之中了。

对孩子充满信任和期望

要想孩子自发地用功读书、学习成绩进步，深信孩子能够学好是非常重要的。父母的这种信任，会对孩子产生重要的暗示作用，用不着催促孩子用功学习，信任的暗示是已化成了孩子自动自发用功读书的原动力。当然，你的信任应是发自内心的，这样就会在你的言行、神态、语气等方面悄无声息地传递给孩子，孩子会自然感受到你的信任。

在房间贴上孩子喜欢的图片

如果在孩子房间贴上许多功课表、英文单词、数学公式等，制造读书氛围，不但不能刺激孩子头脑的活力，反而让孩子把那些东西当成了壁纸而毫无感觉。家长可以让孩子选择一些他喜欢的日历、图书以及图画、自己的照片等，这样会让孩子在不知不觉中，放开自己的胸怀，增加向上的动力。

让孩子的书房经常有所变化

经常变动一下孩子书桌的位置和有关的摆设，就算不作大的改变，将书架上的书本换个位置、书桌上的小摆设左右更换，也能让孩子感受书房空间的新鲜感。如果我们每天吃同样的饭菜，就是天天山珍海味，同样也会令人望而生厌，而孩子每天在固定的环境中，当然引不起读书的兴趣。父母应多花点心思，更耐心些，经常使孩子的书房有所变化，会使孩子有耳目一新之感，从而保持亲近书本的念头。

情绪低落时先学习拿手科目

不管任何人，自己喜爱的或拿手的事，就算他人不要求，也会兴致勃勃地去做。当孩子情绪不好时，让他先读拿手的科目，借此帮他培养用功读书的“念头”，当孩子逐渐产生兴趣之后，再让他接触原先造成他情绪低落的科目，孩子由拿手科目产生的原动力，就会发生推进作用。如此一来，原来不想读的科目，会由于此种推动力而顺利进行。据说，职业高尔夫球手和棒球选手，在状态不佳时，都会将拿手的项目反复训练，其原理是相同的。

让孩子自己制订学习计划

寒、暑假期间，包括平常的日子，孩子如果缺乏学习的推动力，不想坐到书桌前，父母硬逼也无济于事，这时，可以让孩子自己制订一份学习计划（当然也包括娱乐安排）。在制订计划时，为了分配学习和游戏的时间，也许他本人并无意识，但可以说他已经开始用功了。制订学习计划具有暗示、诱导、“助跑”的良好效果。

利用“同步心理”激励

人都有一种“同步心理”（也叫“从众心理”），喜欢和他人有相同之处，以免受到朋友的排斥。别人有的，我也想有，别人做的，我也去做。孩子这种“同步心理”比大人更甚。父母可以利用孩子这种唯恐离群的不安心理，激励孩子同其他孩子一样用功学习。孩子不愿帮大人做事时，也可以对他说：“对门小刚就天天帮大人做事呢！”一般来说，孩子听了这句话后，会乐意帮你做事的。

38. 引导爱阅读

让孩子玩书

孩子不识字，给他本书，他会像玩其他玩具一样摸摸、咬咬、搬搬、撕撕。有了这个和书玩耍、接触、熟悉、交朋友的过程，等孩子慢慢认识字了，熟悉大人的看书方式了，他就会变成一个爱读书的孩子。如果没有这个和书“玩”的过程，就算孩子会认字、能看书了，他也不一定很喜欢看书，因为书对他来说是个陌生的东西。让孩子通过“玩书”，培养对书的直观感觉、熟悉感觉和兴趣很有必要。

陪伴助读

让孩子坐在自己的膝上，或者紧挨自己坐着，以便让自己和孩子都能看清所要读的书上的画面和字。告诉孩子，你们俩将一块阅读故事。刚开始时，父母应该照顾到自己的孩子，调整自己的阅读速度，一边指着词，一边让孩子与自己同步阅读。如果孩子读错了，应该重复一下正确的词语，然后接着念下文，这样阅读的流畅性就不会被打断。当孩子能同步顺利阅读时，可以逐渐加快自己的速度。当孩子阅读的正确率和自信提高后，可以适时地放低声音，慢慢地停止自己的读声。假若孩子阅读时还结结巴巴，或被某个词卡住了，父母最好尽快读出正确的词语，继续陪伴助读，以确保阅读流畅，然后再渐渐地中止自己的读声。一天读完一篇完整的故事，尽量不要重复，以保证孩子能对故事时时产生新鲜感。读完 5～8 本书后，孩子基本上已具备阅读能力，这时就应当大胆放手，让孩子自己自由阅读。

让孩子见啥读啥

鼓励孩子每天看看故事专栏、海报、小册子、路标、商店里商品上的说明书、衣服上的洗涤方法说明、烹调书中讲的菜的做法等。总的来说，留意孩子可能接触到的一切东西。让孩子体验到阅读能力与社会生活能力也有着一种直接或间接的关系。孩子读得越多，就会获益越多，会读得越好，反过来就越喜欢阅读，形成良性循环。

让孩子每天读点东西给父母听

当孩子开始学习阅读，让他每天读一点东西给父母听。他将学会更加流畅或富有感情地朗读。他将会更好地理解他所阅读的东西。他自然会将他的阅读效果与奖励（父母的出现和陪伴）作出某种联系，每当孩子读完一段之后，他将具有一种收获的喜悦。

经常为孩子读点东西

每一个孩子即使是新生婴儿都喜欢听人读书。为孩子读书，首先起到了示范、培养兴趣的作用。孩子会在父母那抑扬顿挫、富有激情的朗读声中感受到一种亲情和温暖，十分愉快地度过这一共同时光。

多带孩子上图书馆

图书馆是教给孩子基本技能，教会他们如何学习，使他们热爱学习的高雅社会场所。所以，应多带孩子去图书馆到处看看。首先应为孩子办一个图书馆借阅证，借阅证是领孩子进入浩瀚的思想和智慧大厦的通行证。经常带孩子上图书馆，一起查阅书架上的书籍，挑出需要的书，读完之后及时归还。教给孩子查阅、挑选图书的基本方法。如果孩子有数量较多和难度较大的作业，可以带孩子到图书馆去做作业，那儿有孩子需要的工具书和参考书。你自己查资料上图书馆，也可以有意带孩子去转一转。

建一个家庭图书馆

在家庭开支中，应考虑拿出一部分资金来购买一些对所有家庭成员都有用的参考资料、工具书和名著，建立家庭小小图书馆，为孩子成长获取多方面知识提供便利条件。如果孩子还小，可以购买一些带有插图的儿童词典，保证词典内容具有高度的正确性，因为初始的错误往往给孩子今后的学习造成极大的困惑。告诉孩子如何使用词典，培养查字典的良好习惯。地图册可以把整个世界呈现在孩子面前，比一张地图包含的内容更大更广，也许会令孩子十分感兴趣。孩子学写作文时，可给他买本同义词词典，使他词汇不断丰富。如有可能，家里可买一套大百科全书，从中寻找各种问题的答案。家庭图书馆还应配上一套古典文学名著，让孩子欣赏古代杰出的文化遗产。备些音乐、绘画、舞蹈杰作，让孩子接受熏陶，培养鉴赏力。还应备些儿童烹调、科技原理、手工制作、修理等方面的书，让孩子将科学知识运用到实际生活中。

为孩子订份报纸

报纸是认识社会的窗口，博览书报，可以广见闻、长知识，有助于世界观、人生观的培养。看报不会增加孩子的负担，因为报纸是陆陆续续来的，上面的文章大多短小精悍，读一篇文章花不了多少时间。孩子读报是在休息的同时呼吸着一种新鲜的“空气”。若能以孩子的姓名订报并将报纸直接投到孩子的幼儿园或学校，则更能增加孩子的自尊、自信，培养成人感、自豪感，有利于孩子早日成才。

好书吸引

购买些孩子喜欢的好书，放在孩子容易发现的地方，让书自然吸引他。如将好书放在电视机旁，当他去看电视时，可能被好书吸引了，而放弃看电视。

规定一刻钟读书时间

孩子一般爱动不爱静。对于静不下心来的孩子，家长可规定每晚读书一刻钟，并严格执行。看起来只规定了一刻钟读书时间，孩子实际上可能被书中精彩的情节所吸引，读书的时间会大大超过规定的时间，产生了读书的兴趣，您的规定就可忽略了。

再现现实生活画面

根据孩子所读书的内容，经常引导孩子观察、研究、欣赏相应的现实画面，到大自然中去，到公园、河流、山野、田间去，使孩子头脑中从书中获得的景象在现实中得到生动再现，从而激发孩子的读书兴趣。

找个由头引导读书

如电视台播放《西游记》，孩子兴趣浓厚，这时可适时引导他读《西游记》小说，他一定会如醉如痴地阅读；如果电视播放《钢铁是怎样炼成的》等孩子爱看的电视，也可如此引导。孩子上课学到某篇著名的片段，也可引导他去读整部书，讲到某个名人的传记，也可引导他去读这个名人的著作，用这些由头引导孩子读书会十分有效。

39. 科学阅读

预读

每一篇课文学习前，指导孩子进行预习阅读。预习阅读的内容是拼读生字，读课文，思考内容，试着划分段落，尤其是要根据课后的阅读提示，初步理解其内容，还可以对内容提出疑问。

查读

在阅读中碰到不理解的字词，指导孩子用字典查明这些字词的意义，结合课文的上下文理解它的含义。

划读

指导孩子边读边准确地划出有关内容，便于理解、应用、查考。在划读前，先明确要求，再用一定的标号，标出有关内容。

询读

孩子在阅读中发现疑问，引导孩子及时向别人请教，划出来或者摘抄出来以后，有时间再去询问同学、教师或其他人。

避读

阅读中，孩子经过努力解决不了的问题和内容，不很重要的，就指导孩子避开不读；阅读中一般不影响对课文理解的次要问题，暂时不能解决的，作为存疑，避开它读下去，免得被次要的问题纠缠不清而影响阅读进程。

摘读

指导孩子一边阅读一边摘录自己所需要的有关内容。可以根据要求，一边读一边摘抄，或字、词、句，或知识、哲理，分门别类摘写在自己的本子上。

注读

指导孩子学会批注，开展评论。阅读过程中，发现疑难之处或有不同看法，在课文的书页空白处，进行批注，发表评论意见，提出质疑。

议读

指导孩子抓住主要的疑难所在，提出自己的见解，找出见解的根据，与同学、老师及其他人商量、讨论、争辩、评论，以求得一题多解，或一题一解的最佳答案。

比读

对不同的课文，相同或相对的知识，引导孩子联系已有的知识，通过比较阅读，找出异同，温故知新，加深理解。

择读

学完一篇课文以后，指导孩子根据不同要求、不同内容，选择一种读书笔记的形式，如表格式、提纲式、摘录式、评论式、心得式、缩写式，把它写下来，以加深阅读理解，巩固和发展学习成果。

40. 准确归纳课文内容

紧扣题目归纳

凡是课文的题目是内容的高度凝练和概括的，就可抓住课题分析出主要内容。如《伟大的友谊》，根据课文的题目可以将内容归纳为：“马克思和恩格斯在为共同目标的奋斗中，亲密合作，建立了伟大的友谊。”

串合几个部分内容归纳

凡是按几个不同性质的问题叙述的课文，就可把各个问题串合起来进行归纳。如《我的伯父鲁迅先生》可归纳为：“伯父鲁迅教育我认真读书，憎恨社会黑暗，热情救护拉车工人，关心女佣阿三，为自己想得少，为别人想得多，受到大家的爱戴。”

突出总说归纳

凡是课文各部分之间有总—分关系的，可抓住全文的总说去归纳。如《美丽的小兴安岭》可归纳为：“描写我国东北的小兴安岭一年四季的美丽景色”。

围绕文章的主要部分归纳

凡是课文叙述的几部分内容有主次之分，就可以归纳主要部分的内容。如《落花生》可以归纳为：“一家人议论花生的好处，讲明做人的道理。”

紧扣最后的概括性句子归纳

凡是课文的段与段之间存在着层层递进的关系，就要抓住最后的概括性句子进行归纳。如《我的心事》的最末句是："瞎！奶奶哪儿知道我的心事！"可以归纳为："记叙大林在姐弟俩和解放军阿姨说话算话的行动面前，对自己以前说话没算话，深感惭愧的心事。"

抓住对比的结论进行归纳

内容存在对比关系的文章，可以抓住对比得出的结论进行归纳。如《中国人民站起来了》可归纳为："讲新中国成立前后'我'与大连港的巨大变化，使'我'深深地体会到：中国人民在共产党领导下建立了独立自主的新中国后，从此站起来了。"

抓住归纳转折后内容归纳

内容存在着转折关系的课文，转折后的主要内容，就是全文的主要内容。如《中条山的风》可归纳为："讲入伍不久的解放军战士，在中条山这个艰苦的环境中，继承革命传统，自觉经受考验的坚强决心。"

从作者强调的内容中归纳

凡是课文内容具有因果关系的，应先把握住作者强调的是因还是果，然后从作者强调的内容中归纳课文主要内容。如《两个铁球同时着地》，重在说明果，可归纳为："讲伽利略用试验证明，两个重量不同的铁球，从高处同时脱手落下，一定同时着地。"

紧扣设问句归纳

文章一开头就是设问句的，可以抓住设问句来归纳。如《海底世界》一开头是"你可知道大海深处是怎样的吗？"就可以归纳为："讲海底的奇异景象和海底的丰富资源。"

围绕中心句归纳

如《詹天佑》全文是以中心句“詹天佑是我国杰出的爱国工程师”作统率的，就可以归纳为：“讲詹天佑在恶劣的环境下主持修筑京张铁路的经过，表明他是一个杰出的爱国工程师。”

41. 辅导自学课文

题解法

题目是课文的“眼睛”与“窗口 ”，许多课文的题目点明了中心或重要内容。指导孩子抓住题眼，深究下去，自会取得较好效果。如《飞夺泸定桥》，它点出了记叙的中心事件，引导孩子推测课文将写些什么。抓住题眼“飞夺”两字，孩子会想到它一定写“为什么夺桥”“怎样夺桥”“结果怎样”。

点画法

可根据孩子自学的课文，提出自学要求，指导孩子根据要求在课文中进行勾画圈点。如自学《金色的鱼钩》，可向孩子提出以下要求：画出写老班长外表的词句；画出写老班长内心的词句；画出带省略号的句子，想一想它省略了什么；划分段落，找出中心句。引导孩子在文中点画，找到答案。

议论法

在孩子自学时，让孩子针对文章的中心或重点、难点、疑点与自己讨论，各抒己见，达到自学的目的。

类比法

对相同或相反特点的课文，引导孩子通过比较进行自学。如自学《别了，我爱的中国》时，可与学过的《再见了，亲人》进行类比：课题为什么出现标点；为什么把“别了”与“再见了”移到前面来；为什么这两句话都在课文中反复出现。类比能理解课题，加深对课文中心的认识。

观察法

引导孩子精心观察与课文有关的事物，这样可以加快自学课文，取得事半功倍之效。如学习《钓鱼》前，不妨带领孩子钓一次鱼，让孩子观察钓鱼竿、浮子、诱饵、下钓、提竿等情况，这样自学时，问题基本上能迎刃而解。

42. 培养写作兴趣

将孩子的口述记录成文章

在儿童开始学写字之前，让他自己讲一些故事，复述他做过的梦以及他自己的经历，家长把所述的内容简单记下来，然后拿给孩子看，并逐字逐句把这些文字所表示的意义告诉他。这样，孩子看到自己说的话变成了可见的文字符号，一定很高兴。

写日记

从孩子识字之日起，就开始从简单的记事做起，培养他们写日记的习惯。如为孩子准备一个属于他自己的空白日记本，教他们记下每天的主要事情。可从最初的每次一两句话开始。

写留言

从孩子开始学写字起，就培养他们写留言的习惯。为他们准备好铅笔和纸，放在便于拿到的地方。鼓励他们用所学到的字给大人写下简单的留言，如“我到同学家做作业去了”等。

在小黑板上写画

孩子们大都爱在墙上乱写乱画。利用这一特点，大人可因势利导，培养孩子的书写能力，在墙上挂块小黑板或贴一张深颜色的纸，让孩子在上面写字、画画。

写照片说明

给孩子预备一个相册，让他把自己和家人的照片贴进去，然后自己写上每张照片的拍摄时间、地点、人物以及环境等说明性文字。

43. 指导快乐作文

先玩后写

先让孩子尽情地玩耍、嬉戏，然后辅导孩子作文。如儿童节是孩子们欢乐的一天，在各种场所，孩子们玩得龙腾虎跃，兴奋异常，陶醉在欢乐之中。回到家，父母及时指导孩子写“欢乐的一天”，有重点地描述孩子自己最喜爱的活动。孩子这时有事可叙，有物可述，写作文时自然会兴趣盎然。

先写后猜

有目的地引导孩子通过观察，写一个人物（家里人、亲戚或邻居）的外貌、语言、动作、神态的片段，然后让他当场朗读。请大家猜一猜他写的是谁。猜中的人越多，越说明他写出了人物的特点。

先演后写

让孩子表演一个场面，内容可以是一则寓言或童话故事，或是一件真人真事。演毕，父母可以出题目让孩子把这个故事写出来。孩子会把表演过的故事有重点地写下来，孩子不仅喜欢写，而且在表演、写作的过程中培养了孩子的创造力。

先写后演

指导孩子先把发生在学校或邻居之间的好人好事写成文章，然后邀请同学或邻居的孩子，表演文章内容。如三家邻居互助互帮紧密团结，孩子邀请邻居的两位孩子表演节目，乐得邻居三家人哈哈大笑。孩子在写作和表演过程中，会对事物产生更深刻的认识。

先听后写

先请孩子听一个故事或一段没有语言说明的音乐，然后启发孩子通过联想，写成文章。如让孩子听一组北风呼啸声、自行车铃声、“笃笃”的敲门声和“坐一会”“谢谢”“再见”之类的对话。孩子听后，展开联想，以“热心的邮递员叔叔”为题，描述一位不畏严寒的邮递员叔叔，穿街走巷投递信件的情景。

先做后写

引导孩子动手做，如让孩子搞小实验、小制作、小发明等，然后让孩子把它写下来。

先比后写

请邻居的几个孩子，或是自己人，围绕一件事件进行口述比赛。如几个孩子看了一本有趣的书，参加了郊游，大家一起欣赏了电影，引导孩子对比几个人的口述内容找差距，让孩子自己修改、补充后再写下来。写好后，请他当着全家人的面朗读，全家人要对他的作品大力肯定并激励他精益求精。

44. 指导写观察日记

观察天气写日记

每天一早，引导孩子细心观察天气，并提醒他注意一天中天气的变化，随时做好记录。到了晚上，由他发布当天的天气信息和特点，从气候到温度，从天空到云彩，从风力到风向，从天气变化到人们的感受，要说得清楚明白。说完后，让孩子写天气日记。

观赏图画写日记

平时，只要在报纸、杂志、画刊、书本上发现浅显易懂的图画，就让孩子把它剪下来，贴在日记本上。指导他一边欣赏图画，一边想象画中、画外的情景。根据孩子的想象，让孩子看图说话，叙述一件事或是讲一个故事，最后让他写日记。

观察动物写日记

如果家里饲养了家禽或宠物，如狗、猫、鸡、鸭、鹅等，孩子会常和它们一起玩耍、游戏。提醒孩子注意观察它们的生活习性、行动规律等特点。然后，分内容写出不同的“动物日记”。其中有动物外貌、动物习性、动物活动等。写好后又让孩子绘声绘色地念给家里人听。

观察人物写日记

引导孩子去观察人、评论人、体会人，并写出人物日记。要求孩子可以抓住一件事写，也可以瞄准一个动作写，还可以根据一句话来写。甚至一个微笑、一声咳嗽，都可以写进日记。写好后，找到所写的对象念一遍，效果很好。

动手制作写日记

孩子喜欢玩玩具，抓住这个特点，合理地进行兴趣转移，扩大爱好。每当他做完一件玩具后，就让他充当一次老师，介绍玩具的性能、特点、作用，并讲解制作的过程和要点。这样一讲，既总结了实践经验，又上升为理性知识，在这个火候上，让他写出实践日记，就是水到渠成的了。

45. 培养多种思维方式

求异思维

指从同一来源探求不同答案的思维，也就是培养孩子从不同方面，探索问题的各种答案的能力。如辅导孩子自编一道“两个数的和是 10”的应用题，不要满足于一种答案，要引导孩子编写多种不同数字（如 1 + 9、 3 + 7、 6 + 4 等）、不同事物（如 3 个苹果加 7 个苹果、 4 个桃子 + 6 个桃子等）结合的题目。

求同思维

就是从同一来源探求一个正确答案的思维，也就是培养孩子进行综合概括的思维能力。如给孩子讲《会摇尾巴的狼》的故事。讲完后要求孩子说说这个故事告诉了我们一个什么道理。

求证思维

就是用学过的知识、得到的生活经验，证明结论的思维过程，也就是培养孩子解决实际问题的能力。如在引导孩子多看点课外书的基础上，以“读课外书好处多”为结论，让孩子们结合自己的阅读体会，来证明结论的正确性。

直觉思维

就是在对总体进行观察分析后，引导孩子一次性接触事物的本质，然后再对事物的本质提出证明的思维方法，也就是培养孩子从目的出发，归纳答案的能力。如让孩子看妈妈炒菜，炒菜完毕，要求孩子说出炒菜的具体步骤，分几个要点，按顺序叙述，从而使孩子体会到炒菜是一种有先后顺序的劳动。

分析思维

就是按照孩子的认识规律，从简到繁，由易到难，由浅入深，由感知到理知，经历一个完整的认识过程的思维，也就是培养孩子的分析的能力，如在欣欣向荣的春天，带领孩子去参观。在参观前提出这样一组问题引导孩子展开思维：春天的人正忙着什么？春天有什么特点？为什么春天的一切不同于冬天？

推理思维

就是逻辑判断。推理思维的过程，也就是培养孩子的推理能力。如引导孩子去观察蜜蜂或青蛙的活动，再向孩子介绍一些有关参考书，然后要求孩子说说人们为什么称赞蜜蜂勤劳，为什么说青蛙是人类的朋友，让孩子在推理叙述中，学会推理思维。

逆向思维

就是一种敢于和善于突破思维常规的束缚的反向思维形式，也就是培养孩子寻根究底思考问题的能力。如孩子做了好事，受到左邻右舍的表扬。可抓住这个有利时机问孩子：今天ＸＸ为什么表扬你？你在表扬前是怎样干的？还有什么不尽如人意的地方？这样层层追问，寻根究底，可以发展孩子的思维。

再现思维

对形象再现的思维过程，就是培养孩子对往事进行再次呈现，以加深理解，增强记忆的能力。如看了电视《聪明的一休》或电影，引导孩子讲述形象；或看了课外读物，读了古诗，指导孩子用图画的形式表达出来。

想象思维

就是在知觉材料的基础上，经过新配合而创造出新的形象的思维过程，也就是培养孩子由此及彼、由表及里、由近及远的联想、推测和幻想能力。如果把故事讲到一半，戛然而止，然后引导孩子想一想：这个故事会怎样发展下去？最后结果会如何？让孩子接着讲下去，孩子就会展开想象的翅膀，用联想来回答故事的结局。

对比思维

就是对并列事物相似性的不同性质，或对相对事物的本质进行区别的思维过程，也就是培养孩子思维的准确性。如孩子们在弈棋时一队胜了，另一队失败了，或者两队战成平局，这时就可以引导孩子进行相似或相对的对比：为什么这队获胜，那队失败？为什么不分胜负？通过对比，找出原因。

转化思维

就是解决问题遇到障碍时，把问题由一种形式转换到另外一种形式，使问题变得更简单、更清晰、更明白，以利于解决问题的思维过程，也就是培养孩子分析问题、解决问题和进行创造的能力。如让孩子演算“64 + 28 + 36 + 72”及“615 − 219 − 211”时就可以引导孩子运用加法交换律和结合律进行简便运算。这个化难为易的过程训练了孩子的转化思维。

时效思维

就是讲究速度、效率，跳跃性、活泼性、转移性、机灵性很强的思维，也就是培养孩子在单位时间里，使思维越来越活跃、越来越灵活、越来越准确，从而提高思维的效率。如经常出一些智力思考题。诸如“1 斤棉花与 1 斤铁比，哪个重”“1 天与 24 小时相比，哪个时间长些 ”“假如你朝东站着，怎样决定东、南、西、北方”等。可组织孩子们抢答。坚持这种讲究时效的思维能力的训练，就会使孩子们变得更灵活、更聪明。

综合思维

就是多种思维结合运用，解决问题，训练能力的思维过程，也就是培养孩子综合使用思维方式、思考探索问题、解决问题的能力。如组织孩子搞“周日野餐”活动，就先以“怎样才能使这次活动搞得更加欢乐”为中心议题，让孩子们提出设想和方案。引导孩子们运用对比、再现、分析、推理、求异、想象等多种结合的思维形式，提出创造性的方案，从而进行综合思维训练。

46. 指导发明创造

加一加

在一个东西上添加些东西。如有人把可伸缩的旅行杯和调色盘组合在一起，发明了带水杯的调色盘。

减一减

在一件东西上减掉些东西。如飞机的襟翼增加升力但也会增加飞机飞行的阻力，有人就设想飞机起飞后襟翼自动收缩，降落时自动复原。

扩一扩

使一件东西放大、扩展。例如，把普通雨伞扩大，就变成太阳罩。

缩一缩

使一件东西压缩、缩小。例如，折叠旅行袋就是缩一缩的结果。

变一变

变一下形状、声响、味道、气味、次序等。如用音乐声代替铃声、闹钟等。

改一改

这种东西还存在什么缺点？有改进的办法吗？如油布伞太重就改为尼龙伞。

联一联

把某些东西或事情联系起来发现规律。如人们发现挤牛奶的姑娘不会患天花，经过研究，发现挤奶姑娘是因为感染了牛痘才不会患天花的，因此发明了种牛痘预防天花。

学一学

有什么事物可以让人模仿、学习的吗？如雷达就是根据蝙蝠接受回声定位的“听觉”功能仿造的。

替一替

尝试用一件东西代替另一件东西。例如，用水力发电代替火力发电。

搬一搬

把一件东西搬到别的地方，看是否还有其他用处。如电子计算机应用于教学中产生了计算机辅助教学。

反一反

把一件东西、一个事物的正反、上下、左右、前后、横竖、里外颠倒，寻找新发现。如，毛泽东对比中国与俄国的不同国情，创立了“以农村包围城市，武装夺取政权”的理论。这是一条与俄国十月革命不同的成功道路。

47. 科学安排学习时间

缩短时间法

这是一种让孩子感觉轻松学习的方法，如果孩子计划学习 1 小时，那么就把时间稍微缩短，指定学习 55 分钟或 50 分钟，虽然只是减少了 5 分钟或 10 分钟，但对小孩子来说，感觉上的负担要减轻好几倍。

清早 10 分钟法

人类的记忆需要经过再复习才记得最牢，所以在第二天早晨应花上 10 分钟复习前一天晚上所学的东西，将这些内容深深地记在孩子的头脑里。有人说，早晨的 10 分钟相当于晚上的 1 小时。

作息间隔法

人们做事都会有一个准备的过程，可称为“心理调整”。读书也是如此。进入状态后学习效率会很高，但随着时间的推移，疲劳和厌倦会使效率渐渐降低，这就要求有一个适当的休息过程，而休息过长反会使做好的心理准备散失，所以从小学生的身心发展来看，每做 30 分钟功课休息 10 分钟最能提高效率。

以量代时法

对特别爱玩的孩子来说，如果只是以用功时间限制，孩子的注意力会老盯住用功时间到了没有而心浮气躁，学习效果必然很差。这时，父母应把时间限制改为数量限制，即将孩子的注意力转移到“量”上，要他们“做完一页练习”或“看完两页书”，孩子的学习态度会从拖延时间变成积极做完，当然，父母一定要检查他们的学习结果。

中间时间法

即使是短时间做功课，要孩子维持持续的紧张状态也是比较困难的，所以家长在安排时间上不要将做功课的终了时间定在一个整数上，如“4 点为止”或“8 点半为止”。这对自律性不强的孩子来说只是一个大概的时间，而如果将终了时间定在 3 点 45 分或 8 点 25 分这种中间时间时，就会有助于孩子树立鲜明的时间意识，充分维持紧张的学习状态。

分散学习法

同一科目的学习如果需要 4 小时，是一天学完好呢还是分四天学习好？实验表明，把同样的作业一天做十次和一次做十天来对比，作业效能分散的明显比集中的高出约 30%。由此可见，在为孩子拟定学习计划时，最好是按孩子的智力情况以较短的时间如二三十分钟为单位，才会提高效率。

用膳休息法

许多父母在饭前总是叫孩子赶快做作业，饭好了再叫孩子来吃饭，或一吃完饭就叫孩子去做功课，这实际是个下策。因为从生理学上来说，空肚子人的身心倾向会集中于“食物探索行动”而不倾向于头脑思维，反过来在吃饱饭后人们的全身活动能量会集中在消化器官，使头脑活动相对迟缓。因此，饭前饭后应该让孩子好好休息才是上策。

时间调整法

不少家庭规定小学生有比较固定的学习时间，时间一到家长就会催促，孩子得放下任何事情去看书做功课，有时孩子正看电视入迷或与其他小朋友玩得十分开心，情绪紧张而兴奋，这种情绪不解除，就是坐在书课前也会心不在焉，学习效率自然不会高。故明智的做法应该是在孩子沉迷于某事时将做功课的时间稍微调整，待孩子情绪放松后再要他们去读书、做作业。

48. 引导珍惜时间

帮孩子认识时间的价值

家长可以通过讲故事等方法帮助孩子认识时间，树立时间观念、效益观念，使他们认识到时间是世界上最宝贵的财富，它最长又最短，最多又最少，最快又最慢，最容易丢掉却无法复得，它买不着，借不到，留不住，回不来，你要磨蹭它就会悄悄溜掉，只有珍惜它、抓紧它才会“延长”它。可以给孩子讲，成才人物的一个共同特点就是珍惜时间，他们都以争分夺秒的态度对待学习和工作。居里夫人为了节约时间不做饭，不上饭馆，每天只在实验室吃几片面包和牛油；鲁迅先生把别人喝咖啡的时间都用来学习和工作。对时间重要性的教育要采取多项渗透的办法：可以讲故事，可以让孩子自己阅读有关书籍，可以在墙上贴上名言警句，可以说亲身经历，可以讲别人的教训。总之是通过各种途径让孩子认识到时间的价值。

让孩子尝尝磨蹭的苦头

家长不着急，让孩子着急。家长不要帮孩子系扣子，而是站在一边说：“再不快点可要迟到了，我可不帮你。”只说一遍。如果他迟到，到了老师那儿就要挨批评，老师会问：“为什么迟到？”“我妈没帮我系扣子。”“这么大了还让妈妈系扣子，明天自己系快一点。”孩子挨了批评就认识到磨蹭给自己带来的害处。第二天，可能就会加快速度。

把作业当考试

考试是限时完成，完不成就收卷。我们在家里不妨试试，把孩子写作业当作

“考试”限时完成。一般的家庭对孩子的作业只检查对不对、整齐不整齐，而没有时间上的要求，孩子爱做多长时间就做多长时间。只要做对就行，而教师并不知孩子用了多长时间，对了就给一百分。至于用多长时间完成无所谓。我们应要求孩子每次做作业不但要写对、写整齐，还要尽量缩短时间。家长先把作业看一遍估计一下时间，按 1：3 给孩子限定时间，也就是说家长用 10 分钟能做完的题，就给孩子限定在 30 分钟内完成。到时就收卷，不管他做完没做完。磨蹭的孩子若交未做完的作业，老师就要批评他。第二天家长还按这个办法要求他，时间长了，磨蹭的毛病就会改变。有些孩子是白天磨蹭，到晚上才着急。对这样的孩子家里要规定作息时间，到时就熄灯，不让他写了。第二天他交不上作业，自然着急，白天就会抓紧时间写作业。

发挥小闹钟的作用

借助小闹钟督促孩子抓紧时间。一般来说，闹钟应上到限定完成作业时间前 10 分钟，闹铃一响提醒家长来检查孩子写作业的情况，也提醒孩子快写，还有 10 分钟就要收卷了。小闹钟放在桌子上对孩子就是一个督促，小闹钟嘀嘀嗒嗒地响，容易产生紧迫感。

节约时间归己

家长还可以对孩子作业的定时管理变为定量管理，每天就留这么多作业，剩余时间就让你出去玩，这叫“节约时间归己”。孩子为了多玩一会儿也会抓紧时间写作业，无形之中就提高了效率。玩是孩子的天性，但不能让他们边学边玩，而应该学是学的样、玩是玩的样，做到“专心地学，痛快地玩”。

制订作息制度

和孩子一起制订一张作息时间表，是管理时间的好办法。什么时间起床，洗漱用多长时间，吃早点多长时间，放学回来哪段时间是复习时间，哪段是做作业的时间，哪段时间玩，都要合理安排。对时间管理越严越细，效率越高。还要帮助孩子“焊接时间”，学会利用时间的“边角儿”。比如把背单词、背公式放在零星时间干，腾出大块时间干“大事”，整块时间固然重要，寸阴片刻也应珍惜。

家长起模范作用

如果家长生活懒散，整天打麻将，干事磨磨蹭蹭，生活无秩序，孩子必然会受到潜移默化的影响。因此，家长要改变孩子磨蹭的坏习惯，本人一定要惜时守时，讲求效率。

教背“时间诗”

《今日诗》

今日复今日，今日何其少！今日又不为，此事何时了？人生百年几今日，今日不为真可惜！若言姑待明朝至，明朝又有明朝事。为君聊赋《今日诗》，努力请从今日始！

《明日歌》

明日复明日，明日何其多！我生待明日，万事成蹉跎。世人皆被明日累，明日无穷老将至。晨昏滚滚水东流，今日悠悠日西附。百年明日能几何？请君听我《明日歌》。

《昨日诗》

昨日复昨日，昨日何其好！昨日过去了，今日徒懊恼。世人但知悔昨日，不觉今日又过了。水去日日流，落花今日又多少。成事之业在今日，莫待明日悔今朝。

49. 训练集中注意力

让孩子在一段时间内专心做好一件事

效率低的孩子有一个特点，就是干着这个，想着那个；一会干这，一会儿干那。家长要从小培养孩子在某一时间内做好一件事的能力。如给幼儿看图书，看完一本，再换一本。给幼儿玩具，也不要一下子拿很多。如果玩具成堆、书成堆，容易使他们养成注意力分散的习惯。对于学龄儿童的家庭作业，家长要建议或帮助孩子把目标定得明确一些、单一一些，排好秩序。孩子做完一样，就能体会到某种任务的胜利感，这种愉快也能帮助他们继续学习，保持注意力。

对孩子讲话不重复

有些父母对同一件事或某一点要求总要反复交代好几遍，这样的孩子入学以后常常忽视老师所讲的话。因为他已习惯于一件事反复地听好多遍，当老师只讲一遍时，他便当作耳旁风，以为老师也会像父母那样重复地讲。漫不经心地听课使得孩子不能很好理解教学内容，无法遵守老师的要求，自然也谈不上学习效果。因而对孩子谈事情只说一遍，是培养注意力的一种方法。

训练孩子善于“听”的能力

“听”是人们获得信息丰富知识的重要方式，对于学生来说，谁要是上课善于听，谁要是能理解听过的东西，谁就占优势。因为学校里老师多半是以讲课的形式向学生传授知识的。家长可以通过听的途径来训练孩子的注意力，如课余时间听小说连播、听音乐。鼓励孩子复述，用自己的话概括听到的内容，从而培养专心听讲的习惯。

不让孩子的时间太充裕

有的家长以为，读书做作业的时间越长，学习成绩就会越好。其实，时间太多也有副作用。造成许多孩子对于时间没有紧迫感，学习起来慢吞吞，本来一小时就可以做完的事，两三小时没完成，而且养成了注意力涣散的毛病。实践证明，有效率的人多是在某种欲求不满的情况下，借着一种“欠缺感”“饥饿感 ”，不断涌现奋斗的意欲才获得成功的。时间不多，反倒会逼着孩子注意力高度集中，提高单位时间的使用效率。因此，可根据孩子的兴趣和爱好，让他们在课余时间从事一些有意义的训练和活动（如学习掌握某种乐器、学绘画、自我服务、做家务等），这些活动本身就具有锻炼儿童注意力的功能。同时，孩子感到做作业的时间不够充裕，会加倍珍惜，有效地利用时间。

有固定的学习时间和学习地点

孩子在家里学习的时候，最好有固定的学习时间和场所，它的作用主要是形成一种心理活动的定向，即每当在习惯了的学习时间和地方坐下来，精神便集中起来。家长应该把孩子的学习时间视为神圣不可侵犯的时间，不要随便让他们做别的事，以免干扰思维的连续性。家长要给孩子提供专门学习的地方。孩子学习时，家长要安静。父母家人不要高声谈笑、打牌娱乐。

训练自我控制能力

孩子在学习的过程中要排除主客观因素的干扰，才能专心致志。家长可以帮助孩子从控制外部行动做起。如孩子的书桌上不要摆放装饰品和零食，看书写字时保持正确的姿势，不乱动、不乱摸，字要写工整等，孩子如果能控制与学习无关的动作、行为，就比较容易克服浮躁的情绪。另外，家长要帮助孩子找到使他们分心的原因，加以排除和解决。同时还可通过日常生活活动加以培养，如聚精会神地下棋，这是集中思想、调节神经系统、训练思维的良好方法。孩子学会专心致志，将会使他们终身受益。

口头作业与笔头作业相互交替

许多孩子和家长认为口头作业是软任务，笔头作业是硬任务，因而总是先做笔头作业，不停地写、写、写，而后又是背、背、背。这种单调的学习方法容易产生生理与心理的疲劳，使注意力分散，减弱学习兴趣，特别是降低背诵的兴趣。正确方法是将口头作业与书面作业相互转换，并将不同的学习内容穿插进来，这样能调节神经系统的活动，有利于注意的稳定。

短暂的休息

如学习了一个小时或写完一门课程的作业之后，走动一下，在室内屈膝伸腰等。但休息必须在完成了一定量的作业之后进行，因为有了一定的成效就会使人安心休息。休息时间短一些为宜，如果休息时间太长，很难使人重新进入学习状态。

以分为时间单位安排学习计划

帮孩子安排读书计划时，与其规定他每天读书到 4 点，倒不如规定到 4 点 15 分。这么一来，读书时间的长短才更具体。唯有透过严格的时间划分，才能让孩子了解他所有的时间的重要性，也更能让孩子集中精神。

用闹钟锁定停止学习的时间

当孩子在考前，带着不安的情绪最后复习时，不妨把闹钟设定好睡觉时间，然后告诉孩子："闹铃一响必须睡觉，不然明天考试脑筋会不清醒。"把闹钟当作"睡眠钟"，指示孩子何时该结束读书上床睡觉。孩子在想到只要一听到铃声响起时就必须结束读书，便会不自觉地紧张起来，拼命地集中精神用功。

静听时钟“滴答”声

对注意力涣散、无法专心读书的孩子，可以让他们暂时闭上双眼，静静地听时钟“滴答滴答”的声音。如同僧人们为除去心中杂念，静听木鱼敲击声、风吹树叶声一样。这种暂时的宁静、冥想，可以使人的心灵平静，精神专一，达到忘我的境界。经常坚持这样训练，可以培养出孩子的集中力。

传达“机会难得”的信息

一位幼儿园的园长，制作了幼儿教育的视频放给孩子们看，为了让孩子们能专心观看，每次播放前，她都告诉孩子们“只能看一次”。这样一说，原本抱有好玩心理来看视频的孩子们，由于想到只有一次的机会，所以个个都精神专一地观看。这种故意制造的“机会难得”的氛围，使孩子因珍惜而专心一意的做法，在培养孩子的注意力方面，十分有效，家长可以多多使用此法。

开始前举行必要的“仪式”

古人写字前先要进行研墨这种仪式，看起来这是为了写字用墨，但客观上，这种行为（仪式）却能使人的心理状态保持集中，更容易进入状态。失眠的人每天在睡前做一些固定的动作，做完之后便会感到较容易入睡。孩子在学习、考试、入睡前，父母可以有意安排一些仪式，如削铅笔、静坐一会儿、喝杯水、整理书桌等，孩子便会在不知不觉中进入容易集中精神的状态。

考试前猜题

这里说的猜题，并不是投机性的行为，它是一种“省力读书法”，必须具备较高的智慧和技巧。所谓考试，就是要让学生知道从前所学的知识，自己到底了解了多少，重点难点是否掌握。若能猜中题目，即表明孩子已经掌握了学习的重点。任何知识都以死记的方式去读的话，便会十分枯燥而无乐趣。用死记法读书学习孩子自然不感兴趣。尤其是考试逼近时，没有充分的时间，如果把每门课、每章、每节都详细学一遍，孩子的注意力必然会大大降低。相反，如果这时父母让孩子不必全部记住，而是抓重点、学要点，孩子必然会提高注意力，扎实学习。在掌握重点时，等于把整体浏览了一遍，这样便建立了真正的实力。

50. 考试前科学调适学习与生活

调适心理

有些家长给孩子定下不合实际的目标，期望值太高，使考生望之胆战。应根据以往的成绩来估计可以达到什么程度，不宜过高。当然，可以把目标定得比他目前的成绩稍高一点，以激励其努力。有的家长不停地大讲考试如何如何重要，考不好就怎么怎么，施加压力，还有的看似在鼓励，诸如说“你一定能考到第×名”之类的话，实则施加了无形的压力。要知道，即使平常成绩好的学生，也担心“马有失蹄”之时，成绩差的学生更是心有余悸，甚至失去信心。考生由此而神情焦虑，担惊受怕，心神不宁，只去担心考不好就怎么样，而没有心绪去为考好而复习。因此，重要的是不要给考生施加压力，制造紧张情绪，而是要为考生创设轻松的考试心境，让考生保持稳定的情绪，在心理上适应考试。

调整内容

帮助考生根据考试范围的要求，对应知识点掌握的情况，选好重点，制订计划。不要让考生钻死牛角尖，钻进死胡同不能自拔；不要让考生再花大量的时间去啃食已经来不及消化吸收的新知识；告诉考生不要为个别题目不会做而忧心忡忡；不要没有计划的胡乱复习。

调顺时间

为了争取更多的学习时间，不少考生加班加点，因为晚上读书安静，精力集中，不少考生习惯于开夜车。考生的生物钟乱了，夜晚精力旺盛，白天却头脑混沌，思维混乱，在晚上不费力能做的题目，到了白天却束手无策。而各种考试都在白天进行，用此状态去迎考，能否考出理想的成绩令人担忧。为此，要尽快调顺时间，把生物钟调成与各种考试的时间一致。在可能的情况下，尽量做到若上午 9 时至 11 时考试语文，就在上午 9 时至 11 时复习语文，强迫生物钟适应考试时间。再者，长期睡眠不足，到考试时便会成强弩之末，心力交瘁，达不到应有的水平。要保证充足的睡眠时间。很少有人（包括成年人）能做到在长时间的高负荷运转下，仍能保持精力充沛，脑力劳动尤为如此。

调协环境

不管在家庭还是学校，考生个体复习时需要有安静的环境。家里电视机音量不要太大，不要在家中打麻将、打扑克，以免分心。教室里要避免闲谈海侃、追赶打闹，应保持安静。有了安静的环境，考生才能静下心来学习。

调剂生活

考生复习、考试期间，用脑量大，要确保早餐吃好，中餐吃饱，晚餐吃少，夜餐吃精。进补不要盲目，不能由广告牵着鼻子走。食物清淡，大脑自然清爽。同时还要督促考生加强身体锻炼，清除疲劳。如看书久了，做做眼保健操，休息一下眼睛；拉拉耳朵，梳理头皮，轻松一下大脑；踢腿弯腰，活动一下身体；做几下深呼吸，松弛一下神经等。另外，复习考试期间，特别要注意预防感冒和吃坏肚子。

调开经期

高考或中考时，繁重的复习使部分女同学精神高度紧张，容易引起内分泌激素的波动和紊乱，导致月经不调。特别是原有经期不舒服的女同学，更担心考试时月经来潮会影响考试成绩。针对这种情况，可在医生指导下服用药物使月经提早或推迟来到。

51. 克服考试紧张心理

将对象矮化

一些孩子由于曾经有过失败的经历或其他原因，导致心理过度紧张，而造成将自己矮化的心理状态。在考试、比赛、学习时，可以采取“他们不过是……”“不就是一次比赛吗”等心态，故意将对象矮化，这就相当于将自我扩大，有利于在心理上战胜对方。比如考试前一天，母亲对孩子说：“这不过是个小测验而已！”这样说有利于清除孩子的紧张感，从而使孩子能以正常的心态充分发挥实力。

放慢步调

当孩子兴奋不已时，如果父母也随之兴奋，则孩子兴奋的情绪会越来越高涨。父母想让孩子兴奋的情绪平静下来，可以有意放慢步调，以平静的语调和动作对应孩子的言行，孩子的兴奋情绪便会逐渐消失。

把“一个星期”说成“七天”

一位作家因事延误了写稿，眼看离约定的交稿时间只剩三天，这时聪明的主编巧妙地打了个电话：“距交稿时间还有七十二小时，您可以慢慢写，我们期待着您的大作。”主编的这段话，有效消除了作家因时间紧迫而产生的紧张情绪，而得以平静地完成任务。“只剩三天”或“还有七十二小时”说的是同样的时间，但给人的印象却是截然不同的。这种现象被称为“心理的换算”，经常用来作为控制心情急躁的方法。比如，将一个月换算成三十天，一天换算成二十四小时，一小时换算成六十分钟，便能使人的心理负担减轻一些。当孩子临近考试时，母亲若是说：

“还有一个礼拜就要考试了！”倒不如说：“还有七天才考试，好好加油！”更能让孩子安心，不会为了考试的逼近而不安，而更能集中精神用功，这样必然会得到更好的成绩。

让孩子做一些简单的题

孩子若总是考试不理想因而情绪紧张不安，可以出一些简单的题让孩子去做。不管这些题多么简单，自己做出答案的体验，将使孩子恢复用功读书的步调和自信，而消除考试造成的不安感。

刻意给予赞扬

教练有效控制球员情绪的方法之一，就是对于因失败而情绪低落的选手，故意加以赞扬，让他恢复往日的自信。如果一位平时经常挨骂的选手，在接住一个比较难接的球时，教练大声夸赞他，他便会逐渐消除对失败的不安，对自己越来越有信心。

自我暗示

用简短、有力、肯定的语气反复默念“我们能力很强、一定会考好”“我一定能胜利”。选择以上任何一句反复默念几遍，以自我暗示的方法来稳定情绪，即可有效排除紧张心理。

松弛训练

微闭双眼，身体坐正，全身放松，有意识地使呼吸减慢，慢吸慢呼，用腹式呼吸的方法，让思想随着气流上下。这样，情绪就会平静下来，紧张也会随之解除。

愉快想象

引导孩子想象在考试中已取得优异的成绩，心里有一种说不出的喜悦，也可以回忆一件令自己十分愉快的往事，使自己超脱考试的紧张气氛。

52. 消除恐惧心理

语言消除

给孩子讲故事或闲谈时，针对孩子恐惧的原因，讲明鬼神等并无此物，并不可怕，以那些易引起恐惧反应动物的故事或画报、画册为材料，让孩子在形象上、语言上习惯那一对象。利用孩子的懦弱之处进行恐吓，将会使孩子变得更加胆怯和意志薄弱。

环境消除

不要让孩子在恐怖中生活。有些孩子生来怕黑暗，或怕生人，或怕奇异动物。首先要改造这些环境，然后再改变孩子的恐惧心理。不能强迫孩子适应，那样会适得其反。

示范消除

譬如，要让孩子不怕猫，成人可先抱着猫玩，用手触摸它的爪、头、嘴、眼等孩子恐惧的部位，慢慢地让孩子也去触摸，这样就可渐渐消除孩子的恐惧心理，以后见着猫就不会产生不正常的恐惧反应。

知识消除

为消除孩子怕雷的恐惧反应，可以和孩子一起数闪电与雷声相隔有几秒钟，于是孩子就知道雷是很遥远的不必害怕。又如孩子怕蜜蜂，我们可以给他讲解蜜蜂如何辛勤劳动、能酿出很甜的蜜，如果不去惹它，它是很讨人喜欢的。

鼓励消除

当孩子克服恐惧反应，取得了一定成绩的时候，要给予必要的肯定和鼓励，让孩子知道，他自己完全可以较好地消除不正常的恐惧反应。

画画消除

让孩子画出他的恐惧，以及去怎样战胜这些恐惧。孩子画得越激情越好，让他把自己画成勇士，拿着大刀、长枪、大炮等，让他尽情地向恐惧发泄，而家长则及时夸奖孩子取得的胜利。这对孩子克服恐惧十分有益。

故事消除

对胆子小、恐惧心理强的孩子，多讲可增加安全感、减轻其恐惧情绪的故事。一是要给孩子多讲英雄人物的故事，用以激发孩子的勇敢精神。二是要选取一些有关介绍医生给人治病、警察叔叔助人为乐的故事和消防队员救火的故事。这样在帮助孩子增强勇敢精神的同时，让幼儿知道，当他们遇到困难时，总会有人来帮助他们，借以减轻幼儿的恐惧心理，增强安全感，使孩子的身心得到健康发展。

游戏消除

一是玩捉迷藏游戏，让孩子在玩中提高胆量。二是玩角色扮演游戏，让孩子自己来扮演鬼怪，帮助孩子战胜对鬼怪的恐惧。三是同孩子一起玩找东西的游戏。通过在黑暗中找东西，使孩子充分熟悉房间里的东西。知道床底下、衣柜里、浴室里都有些什么东西，而不再担心魔鬼和怪物会藏在那里。

53. 教孩子发泄愤怒

猛击一块泥土块。

涂画一个能想得出的最气人、最丑陋的人像。

敲打玩具榔头或鼓。

扔枕头或沙袋。

泼溅一桶水或到厨房水缸玩水。

用力击打拳击袋。

到一个隐蔽处私下“发誓”。

对着录音机大叫一通愤怒的言语。

撕一堆旧报纸、旧杂志。

到庭院里跑几圈，到野外奔跑。

站在高处河边大喊大叫。

把愤怒、不满写进日记。

猛力捶打一个布娃娃，并把他想象成令你生气的人。

54. 缓解紧张情绪

让孩子拥有自己的时间

许多家长让孩子学乐器、绘画、舞蹈等，心情可以理解，但却大量占据了孩子的课余时间，常使孩子感到压力过大。实际上，合理安排课余生活的前提是保证孩子有充足的时间独处，做自己喜爱的事，家长都不要去干预。

鼓励孩子表达自己的愤怒

没有化解的愤怒是压力潜在的根源。家长要鼓励孩子诉说生气的原因，并让他感觉到你无时无刻不在关心他。如果仅用讲道理的方式无法平息孩子的怒火，也可以找一些替代物来供其发泄，如捶打一个布娃娃等。

每隔一段时间举办一次家庭聚会

有时孩子的烦躁情绪可能来源于家庭，如父母工作无暇顾及孩子或搬家不适应新环境等。如果是这种情况，不妨每隔一段时间举办一次小型家庭活动，如睡前故事会、星期天的郊外野餐等。

接受音乐熏陶

常在家中播放一些轻松舒缓的音乐，对缓解孩子的紧张情绪有一定的帮助。更积极的音乐疗法是教孩子学唱一些儿童歌曲，歌词内容要积极向上，音乐节拍也要活泼欢快。

让幽默气氛充满家庭

如果孩子出现紧张情绪，一味地讲道理一般意义不大，而幽默的评议却往往会收到意想不到的效果。一位家长的成功之道是：当她 6 岁的女儿有什么烦恼时，她就建议说，我们来说笑话吧。随着一阵哈哈大笑，烦恼也无影无踪了。

先做比较重要的事情

一个人会不会感到生活过于紧张，跟他是不是善于安排自己的时间有关。一般情况下，一个人一天中要做的事情，比较重要的只有 20%。如果我们先做完这 20% 重要的事情，在心理上就感到已经轻松了 80%，这时，再去做那 80% 的事情的时候，就会觉得几乎没有什么负担。孩子的学习也是这样。对学生来说，学习是最重要的事情，要突出做，先搞好，做其他事才有一份好心情。比如，作业完成了，玩起来才轻松。而学习中，主要学科、主要内容则应重点保证抓好。

55. 消除读书厌倦感

尽可能给出“最近目标”

心理学把阶段性目标称为“下限目标”（最近目标），根据多次实验证实，人类在心理上与目标距离愈短，就愈能持续紧张感和干劲。登山时，与其鼓励对方“加油”，不如告诉他马上就爬上一半了，这种目标会使他产生继续坚持的动力。对于一个做事感到厌烦的孩子，给出了明确的下限目标，比鼓励他完成全部目标更有效。若是想让孩子读 1 个小时的书，可以告诉他，“先试着读 30 分钟看看”。孩子会觉得这样的目标应该不难达到，于是便较容易接受。只要他持续地读了 30 分钟的话，再读 30 分钟就不会成为难事了。

学习间隙做些杂事

巧妙转变孩子的情绪，也是防止孩子产生厌烦感的有效方法。一些孩子在学习间隙里，仍坐在书桌前发呆或想着与学习有关的事，这样休息就毫无意义，用功学习的紧张感会一直持续下去。学习的间隙，让孩子做些与学习无关的杂事，如听音乐、剪指甲、踢毽子、扫扫地等，这样能让孩子从学习的紧张感中解脱出来，从而产生新的干劲，避免产生因长时间紧张引发的厌倦感。

休息时间吃点零食

让孩子吃零食为的是慰劳孩子念书的辛苦，同时还有提高学习持续力的效果。孩子知道再过 20 分钟便有零食可吃，原本松懈的心理就会再度振作起来，于是零食就成为厌烦感的抑制剂。

更换学习场所

一位准备考大学的高中生，在炎热的夏天，总是根据时间的变化更换读书的场所，一天之中换好几个地方。有时在树下，有时在屋檐下，有时在客厅，正因为如此，他较好地转变了学习情绪，最后以优异成绩考上了大学。这种在不同时间变换学习场所的方法是防止孩子产生厌烦感的有效方法。

更换学习内容

日本的教学方法之一就是，老师准备了许多不同的教学题，然后依学生的反应，以极快的步调，让孩子做各式各样不同种类的习题。比如，先教数学，然后大声朗读诗词，再学九九乘法表，再介绍国家的国名、国旗、首都等。使用这种方法，孩子一直到放学都能集中精神，完全没有厌烦或疲累的感觉，而且学的内容很多。别让孩子不停地学相同的科目，在孩子感到厌烦之前，立即更换另一种科目或内容，使孩子的情绪发生转变，从而继续用功学下去。

突然中断学习

电视连续剧，在每一集结尾时往往挑选某一情节的高潮，然后结束。这样做的目的，就是要使观众产生想知道下一情节的期待感。这种技巧，也可以用来防止孩子产生厌烦感。比如，当孩子陶醉于书本或玩乐时，父母可以故意说："今天到此为止！"善于利用这种"中断效果"，不仅可以防止孩子的厌烦感，使孩子学习的紧张感持续，还可以在最短的时间中，产生最好的效果。

56. 帮助孩子走出情绪低谷

让孩子不过分自责

有时候孩子会对做错的事感到羞愧，你可以告诉他大人有时候也会做错事，只要以后不做错就行了。

提醒他痛苦会过去

当孩子陷入痛苦时，他不相信自己还会好起来，这时他很需要父母的帮助，尽管他常常不会说出来。你应该帮助他建立信心，告诉他一个人不可能天天快活，也不可能天天难受，过一会儿他看到你给了做的蛋糕时，准会快乐起来的。再比如，孩子去过夏令营生活，如果他很想家而闷闷不乐，你可以告诉他："我知道你现在很想家，但过不了几天，你就会适应夏令营的生活，认识不少新朋友，你会过得很快乐的！"

讲他过去做得不错的一件事

孩子很难把握自己的情绪，一旦当他觉得很难过时，常常不知所措，并任其发展。他很难想起过去的某一次，也是遇到类似的情况时，他是怎么对付的。所以提醒孩子过去的某件事，可以帮助他从缺乏自信的状态进入"为什么不试一试"的积极心态。

表示同情和理解

有时候确实找不到什么"灵丹妙药"，想让孩子立刻就变得兴高采烈，往往不大可能。最好的办法就是承认生活中有不公平，去拥抱他一下，说一声理解的话：“我也很难过……”这比起劝他“振作起来”有效多了。通过静静地理解和分担他的痛苦、气愤或抑郁，可能会使他慢慢把挫折纳为生活中合理的正常的部分，而不会感到软弱或沮丧。

让他知道你爱他

不管是他被激怒，还是你气得发疯，事后不要忘记提醒孩子，不论气愤到了什么程度，都是人的正常情绪，这不会影响你对他的爱。爱常常会带来意想不到的效果。因为孩子生气经常是来自对父母爱的怀疑，他们厌烦父母的管教，也往往是因为他们没能直接从中感受到爱。

让他知道他不是孤独一人

也许你无法抹去他的痛苦，但你能帮助他摆脱孤独的情绪，让他意识到父母在爱护他，朋友在关心他。如果他不想对你诉说的话，你可以建议他去找朋友或老师，也许他更愿意和同龄朋友说说知心话。总之，让他知道把手伸向别人是有勇气的表现。

幽默治疗

社会心理学家卡罗尔·塔韦斯提出一种“幽默治疗法”，她谈到她的父亲是怎样使她对所发生的事产生了一种轻松的看法。当然不是说教。那时候她的心情糟糕透了，说教只会使她发疯。她说：“父亲带我看了一场查理·卓别林的电影，当你大笑的时候，你不可能保持郁闷的心情。”

57. 培养积极生活态度

让孩子在众人面前宣布自己的目标

胆小的孩子也会有自己的目标，因为对能否达到目标感到不安，所以往往无法积极地面对这个目标。此时，若让他在家长面前宣布自己的目标，说出自己的理想，使他不再有逃避的退路，这样孩子在心理上便会增加责任感，进而产生超越不安、达到目标的积极性和动力。

加快孩子的生活步调

人心灵的活动，生活的态度，往往会透过外在的动作而表现出来，相反，外在的动作同样也会影响内在的情绪。如果你把所有的动作步调都放慢，便会发现原来的活力似乎顿时消失无踪，甚至会产生一种忧郁的感觉，做事也提不起劲来。军队生活一切都讲究快速，就是为了保证昂扬斗志的需要。孩子做事慢慢吞吞，有气无力，就是情绪低落的表现，这时，就要加快他的生活步调，加快家庭生活节奏，以创造出孩子积极的情绪。快节奏的生活使孩子无时间烦恼，也会带动他的情绪振作、积极起来。这种方法对畏惧考试而情绪低落的孩子特别有效。

让孩子大声说话

在练习英语会话或参加竞选发表演讲时，如果声音很小，表示对自己的发音或意见没有自信。所以，英语学习不进步或竞选失败，就是意料中的事。大的声音可增强对方的印象，也可以使自己充满活力，扩大自我，进而产生自信。对凡事提不起劲，情绪低落的孩子最好能让他在生活中养成大声说话的习惯。

让孩子把字写得更大一些

据研究，写字字体小的人，以消极、胆小者居多，而喜欢写大字的人，大多较为积极，可见字体的大小，也会影响一个人的性格。人如其字，写小体字的人，给人的感觉就是心理畏缩、缺乏魄力，所以在人生中一般不会有所成就。对于写出小字体的消极孩子，应有意培养他写大而工整的字的习惯，使用笔芯粗、颜色浓的铅笔写字，请相信，不用多久，孩子的心情一定会开朗起来。

让孩子最早到校

让消极的孩子积极，方法之一就是每周至少一次让孩子第一个到校。这样孩子便会在心理上产生愉悦，而能以积极的态度过一天。让孩子早一点到学校，这种行为看起来事小，没有什么意义，但往往就是这些小事，能让孩子产生积极向上的生活态度。也许孩子以后便会自发地每天提早到校，在其他方面他也会勇往直前，不甘落后于人。

多问开放性的问题

许多父母喜欢这样问孩子，“考试难不难”“这本书好不好看”“老师是否喜欢你”“春游你去不去”等，这种问话方式，孩子只需回应一两个字就够了，并不需要多说什么。这对性格内向、情绪低落的孩子没有积极效应。要让沉默的孩子多说话，使孩子活跃起来，问同样的问题，可以换一种方式。使提问具有开放性，让孩子能开怀畅谈，有更多的话说，进而使情绪活跃起来，精神振作起来。如上面的问题可这样提问：“考试出了啥题目”“这本书写的什么故事，有何感想”“老师是怎样对待你的”“春游你们准备怎么玩”等。这样问，孩子肯定会打开话匣子。

夸赞从未被夸赞之处

一个平日因功课好而备受夸奖，或是不用功而常被责骂的孩子，如果有一天忽然有人对他说：“哇！我没想到你的力量这么大！”“今天仔细看，才发现你的身体这么壮！”这些平常的话，夸赞了孩子平常从未被夸赞之处，孩子便会感到自己被认可了，从而使孩子树立更积极的生活态度。

58. 开学前调动积极情绪

召开家庭祝贺新学期晚会

选择孩子开学前几天的某个晚上，一家人在一起开个晚会，祝贺孩子开学。可特意买几支蜡烛，简单布置一下，烘托气氛。晚会的主要内容首先是回首往昔学校生活美好时光，分享乐事、趣事。父母谈，孩子谈，互相提问，激发对学校的感情。其次是展望新学期的生活。家长提要求，提希望，出点子，出办法；孩子谈打算，谈目标，表决心。通过这个晚会，孩子心思收回来，信心鼓起来，以良好的情绪和期盼的心态进入新的学习、生活。

寻找“新、奇、乐”

在新学期刚开始的十几天内，家长不断要求、引导孩子寻找 “新、奇、乐”。如：来了新同学，多了一门课，买了新书包等。开学第一周周末，可一家人坐在一起，开个“新、奇、乐报告会”，让孩子们向全家报告观察到的新学期“新、奇、乐”。家长也可讲儿时上学的“新、奇、乐”和最近观察到的“新、奇、乐”，引导孩子热爱学校生活，以满腔的热情投入学习。

教背诵“我能行”

新的学期开始时，家长有意多称赞孩子“你能行！”“你真行！”同时教孩子背诵“我能行”系列口号：“相信自己行，才会我能行；别人说我行，努力才能行；你在这点行，我在那点行；今天若不行，明天肯定行；能正视不行，也是我能行；相信自己行，帮助别人行；争取全面行，创造才最行。”通过背诵吟唱，孩子自然会树立对学习的信心。

59. 帮暂时落后的孩子提高成绩

雪中送炭

孩子没考好，分数已经给了他应得的惩罚。这时，如果家长不问青红皂白，一味地对孩子批评、指责、羞辱甚至打骂，那么，孩子就受到了加倍的惩罚，这种一事二罚、雪上加霜的做法，会加重孩子的心理负担，甚至会使孩子感到绝望。面对不良学习成绩，孩子内心极不平静。想到教师对自己的评价，想到同学对自己的看法，想到家长对自己的期望，想到自己的学习责任和面临的困难，成绩差的学生常常无法摆脱羞愧、惶恐、懊悔、疑虑、烦恼、气馁的折磨。此刻他回到家里，多么希望家长能给他一点鼓励、一点安慰、一点温暖、一点帮助。因此，帮助成绩差的学生的第一个策略就是雪中送炭。

选择一个最重要的问题加以解决

成绩差的学生可能缺点比较多，很多缺点又都是相互依存的。作业中错误较多、知识上漏洞较大、注意力不集中、纪律性比较差等，一环套一环。这时，家长应同老师商量，应听听孩子的意见，从众多缺点中选择一个最重要、最不能原谅的问题加以解决，其余的以后再说。从心理治疗上看，帮助成绩差的学生改正缺点，不能眉毛胡子一把抓，而要分清主次，集中力量解决主要矛盾。

寻找“闪光点”予以表扬

家长对成绩差的学生进行评价时，往往是用批评代替了表扬。其实表扬对于成绩差的学生有着特殊的意义。表扬是成绩差的学生扭转败局的立足点，是孩子在与困难搏斗的激流中赖以喘息的小岛，是他们重整旗鼓向无知和无能连续发起进攻的基地。有时这种表扬不一定是一种多么高的评价，在家长看来可能无足轻重，然而它却能给成绩差的学生以莫大的鼓励和鞭策。所以对成绩差的学生的评价，应当坚持以表扬为主、以批评为辅的原则。为此，家长应悉心观察，尽力找出孩子身上的闪光点，哪怕是发现他有一点点进步，也要及时给以肯定的评价。

表扬对人，批评对事

批评是一种否定的评价形式，使用不当，容易损伤孩子的自尊心和上进心。对于成绩差的学生的批评尤其要慎重。正确的评价方法应当是表扬对人，批评对事。表扬的是演员："儿子不简单！会解两步应用题了。"批评的是表演："这道题要分两步解，一步不行。这样做有一定道理。"孩子总爱把别人对他"表演"的评价当成对他这个"演员"的评价。分数是老师依照学校标准对学生学习质量所做的评价，分数高低取决于错题多少。可是孩子们往往就把分数当作老师对他们个人的全面评价：分数高，代表我好，老师喜欢；分数低，代表我坏，老师讨厌我。有了这种认识，成绩差的学生就会疏远老师。所以家长应当帮助他们把老师对其学习的评价与老师对其人格的评价区分开来。懂得了这个道理，家长批评成绩差的学生时，就不应当说那些侮辱人格的话，只要指出孩子读、写、算中的具体错误就足够了。

用今天的成功同昨天的失败作比较

评价孩子，特别是评价成绩差的学生，要用他今天的成功同他昨天的失败做比较。这是心理治疗的一条重要原则。教师评定学生成绩的依据是国家规定的标准，教师打分只看他今天错题多少，而不管他昨天如何。比如默写生字，他昨天错了 16 个，今天错了 8 个。尽管老师也口头表扬，说他今天默写不错，可是依照评分标准，只能评不及格。然而，孩子却陷入了迷惘："不及格！哼，还说我'不错'呢！"如此评价不能充分发挥自身的激励作用。"表扬"没有使孩子感到高兴和受到鼓舞，"不及格"却使他感到再努力也白搭。了解到上述情况，家长就能更加自觉地运用好今昔对比的评价方法。须知，孩子取得每一个微小进步，都需要克服许多困难，成绩差的学生需要付出的劳动就更多，因此，做父母的应当为孩子的点滴进步感到高兴，应当给他们更多的鼓励和支持。

在错误的海洋中找到一个成功的小岛

成绩差的学生学习中的漏洞比较多，例如计算不规范、解题能力不强、作业潦草。对成绩差的学生的评价方法要化整为零，即对成绩差的学生不做全方位、整体性评价，只做单项的、局部性评价，这样做就能让孩子在错误的海洋中找到一个成功的小岛。实践证明这一策略不难掌握。比如家长帮助一个成绩差的学生分析试卷时说："你解题步骤掌握得很好。这一点在解题中至关重要。计算也不错嘛！加法没有错误。你再检查一下减法。"于是孩子说："这儿我不懂，为什么……"这样，孩子既没有产生完全成功的错觉，也没有感到完全失败。孩子尝到了成功的喜悦，增强了克服困难的信心，这也就为家长帮他战胜下一个错误奠定了基础。

要求适中

家长给孩子提要求，要尽量具体，讲求实际。要求适当，孩子才愿意为之尽力，评价才有意义。比如孩子抄写课文出了 10 个错，家长不能要求他下次课文一个错也没有。家长可以和孩子商量，要求他不超出 8 个错。要求过高，孩子再怎么使劲也达不到，他也就放弃努力了；要求过低，孩子不使劲也能达到，他也就不用努力了。所以，适当的要求应当让孩子"跳一跳，够得着"。

60. 培养承受挫折能力

讲故事，树榜样

古今中外，不怕挫折、顽强进取的典型很多。如保尔 · 柯察金、张海迪、左丘明、孙膑等。讲故事，能使孩子明白，人生之路往往并不是平平坦坦；同时，逆境奋进的典型会成为他战胜困难的力量源泉。

多锻炼，磨意志

通过让孩子参加体育活动、参加劳动，锻炼身体、磨炼意志。培养其克服困难、吃苦耐劳、战胜挫折的能力。

讲朴素，不奢华

让孩子吃喝穿戴大众化，不追求“精品”，不讲究“精细”。吃、穿讲究惯了，一旦没条件讲究时，很容易产生挫折感。

遇挫折，自解决

考试失误、物品遗失、家人不幸、个人生病、被人误解等未超过孩子承受能力的挫折，尽可能让他自己解决，不过多替代、关心、干预，孩子会在自己战胜挫折的过程中增强承受挫折的能力。

战胜挫折、增强能力

春游、野炊、军训、竞赛等具有挑战性的活动，多鼓励、支持孩子参加，让孩子克服困难，战胜挫折，增强能力；有意安排孩子独自看家、待客、外出独自办一件事，动脑筋解决麻烦，用毅力克服困难，用意志战胜挫折。

61. 帮助克服自卑感

批评时加上限定条件

不善于教导孩子的父母，有时会用毫不在乎的口吻对孩子说：“你真是没用的孩子！”“你简直没救了！”这种摧毁性的语言，使孩子对自己失去信心，并且失去做事的干劲。因为这种话等于完全否定了整个孩子，给孩子任何方面都不行的暗示。同样是批评孩子某一缺点，如果加上特定的限制条件，具体说明导致这种缺点或错误的理由，使孩子明白，如果他排除这些因素，就可以做得更好，那么，就可以有效防止孩子产生自卑感，而且孩子乐于接受并激发出干劲。如可以说：“因为你不努力，所以成绩才这么落后。”“如果你少看电视，成绩就一定会好起来。”不说明理由而经常唠叨孩子没用，一味骂“笨蛋”，只会使孩子自卑感逐渐加深。

以包容的方式对待孩子的缺点

一位高明的美容师，并不是隐藏人的缺点，而是将此缺点加以改变，设计出整体造型。比如某女士脸上有颗痣，美容师便会对她说：“这位太太，你整个脸上最具有魅力的地方就是这美人痣。”如此一来，这位女士不但会不在乎这颗原认为不太好看的痣，甚至还有点喜欢它的存在。对于孩子的缺点，父母若能改用肯定的表达方式，采取容纳的态度，使孩子的看法跟着转变，这样，自然而然地便可减轻孩子的自卑感。这种表达方式不仅可以用于身体上的缺陷，对于孩子性格上的缺点和学习上的弱点也很有益处。

让孩子阅读曾有自卑感的伟人的传记

具有自卑感的人，当他看到别人也有和自己一样的负面部分时，便会产生“原来有这种自卑感的，并不只我一个人”的连带意识。倘若此人又是在某一方面最杰出的优秀人物时，更能从这个人物的人生中学习到许多生活经验，而大受鼓舞。

故意在孩子面前责备优秀的孩子

对两个实力相当的孩子，如果只是不断在夸奖其中一个的话，那么另一个就会不知不觉地产生自卑感；若是只责骂其中一个的话，那么另一个就会不知不觉地产生优越感。因此，为了使陷于自卑感的孩子重新站起来，不妨故意在他面前责备优秀的孩子。看到表现优秀的孩子受责骂，有自卑感的孩子便会逐渐消除自己的自卑感。

培养小专长

在老师眼中的差生，有不少只是某个项目不拿手，而自己不自信，使原来具有的真正实力无法发挥。有些小专长在大人眼中看或许算不了什么，但若在同伴中、同学中受到重视，便会使孩子对整个自己产生自信，而从原来的自卑感中挣脱出来。拥有某种独特的专长对增强孩子自信、克服自卑非常有效。帮助孩子在吹、拉、弹、唱、琴、棋、书、画等方面发展几种专长很有必要。

引导孩子把失败归因于“运气”

当孩子失败或犯错时，很容易产生自卑感，若是以“运气”为托词，便能消除孩子心中的不安。把这种苛责自我的心理，转换为归因于“运气”，这样便可大大地减轻孩子心理负担，摆脱自卑的阴影。

讲励志的故事

在我们周围有不少孩子，由于曾受到过某种挫折，如经常挨批评，或自身存在着某些缺陷，如大舌头、说话不清楚等，为此常遭人讥笑，慢慢产生自卑感，失去了信心，因此遇事畏缩不前，说话唯恐出错。对于这样没有自信的孩子，我们应给其多讲一些能激励斗志、树立信心的故事。例如《长胡子老鼠》故事里的长胡子的老鼠，因自己长着与众不同的长胡子，常常被同伴嘲笑而感到不快乐，不敢与其他伙伴玩。后来，他用自己的长胡子救出了一个掉在洞里的小老鼠，受到了大家的称赞，从此，他认识到自己的长胡子是有用的，便消除了自卑感，树立起了自信心。幼儿从这充满欢乐情绪的故事会中，会受到很大的感染，使他看到了长胡子老鼠是怎样从失意中发挥自己的长处，重新建立起自信心，从而得到鼓励。

62. 培养自信心

让孩子获得成功产生自信

自信并非想要便立即就可拥有，但成功却比较容易获得。你只要试着去做好某件事，或从容易的事、小事入手，便能尝到成功的滋味，积累这些成功的体验，每个人都会对自己产生自信。从这个意义上讲，可以说“成功是自信的第一秘诀”，成功是培养自信的宝贵妙方。为了让孩子产生自信，有时不妨刻意为孩子出一些容易解答的课题，交给他一些容易成功的事情，并真诚地予以赞扬，让孩子体验成功的滋味与快乐，孩子将在不知不觉中增强自信。

忽视缺点夸赞优点

孩子在学习、生活中，难免有错误和失败，做父母的为培养、维护孩子的自信，有时可以忽视、忽略错误的部分、失败的方面，而刻意夸赞孩子正确的部分、成功的方面。当孩子拿成绩单给你看时，若是数学和外语成绩都不好，而体育成绩特别好时，不妨故意忽略掉数学和外语，而只夸赞孩子的体育成绩，当孩子对体育产生自信时，这份自信将会对其他科目产生波及效应，相信下个学期的成绩一定会进步。相反，如果你总是盯着孩子的缺点和不足，并经常指责，极易产生负面效应，使孩子严重丧失自信心。

引导孩子回顾过去的成功

登山运动员都有这样的经验，他们在登山途中感到疲惫不堪时，如果眺望远处的山顶，往往会使他们登顶的信心逐渐消失。此时，如果他们一边休息，一边回首来路的话，心中便对自己已经爬了这么遥远的一段感到骄傲，而顿时产生出自信。一些撰稿人，在毫无创作灵感时，往往把以往发表过的稿件拿来一张一张地看，或是整叠捧着感受它的重量，借此激励自己，使自己恢复自信，产生力量。父母在孩子遇到挫折、信心不足时，可引导孩子回顾他过去的成绩、成功和光荣的经历，以此重新树立自信。

在第三者面前表扬孩子

许多父母在孩子受到赞美时，总会很客气地说："你过奖了，其实我这孩子很笨！"父母的话是说给第三者听，所以话的内容比较谦虚。在他们看来，这些只不过是一些日常小事，没什么了不得的，但是这对说这些话时站在一旁的孩子而言，往往会刺激孩子，给孩子造成很大的打击，而使孩子信心丧失。因为孩子会因为在别人面前被父母否定而抬不起头。所以，在第三者面前，不批评孩子，相反应该刻意表扬、赞美孩子，对别人赞扬孩子的言辞也可以表示认可。这对树立孩子自信心十分有效。

热情对待孩子的小客人

孩子的小客人来访，予以热情接待，请他们吃水果和点心；家较远的小朋友，要问明白是否得到家长的同意，条件允许，应留他们吃饭、住宿，或者送他回家。家长这样对待孩子，使孩子感到自己是家庭中一个成员，而不是附属品，孩子就会自觉地维护家庭的利益和荣誉，自信心会大大增强。

63. 培养自立自强

不替孩子表达

当孩子欲说出心中的意见而却被父母抢先说了，这样等于是摘掉了孩子自立的幼芽，使孩子失掉了传达意见的基本训练。别人问孩子姓名、年龄，问其他问题等，许多父母明知孩子能回答却抢着替孩子说，这不利于孩子的自立。如果父母对孩子采取凡是他能回答、会叙述的问题都坚决不替他说，而鼓励孩子自己表达，这对提高孩子表达能力、帮助孩子早日自立十分有益。

让孩子在家中拥有工作角色

当哥哥的一般都会照顾、谦让弟弟妹妹，有人归因于长子和次子的差异。其实，父母是否给予孩子任务、孩子是否拥有角色才是关键原因。给予孩子工作或角色，即使很小的孩子也会产生责任感，从而产生不靠他人而靠自己解决问题的观念。在担当某种角色时，便会显露出孩子真正的能力。尽可能把握、制造各种机会，使孩子在家中拥有某些工作或角色，是消除孩子依赖心理、学习自立的好方法。

故意给孩子一个不完整的答案

人要自立，独立思考能力是最重要的。这种对于预料之外的事，自己能够立即掌握状况，并且找出解决的方法的能力，对于漫漫人生是相当重要的。为了使孩子具有这种独立分析、思考的能力，父母可以利用孩子提问的机会，故意给孩子一个不完整的答案，其他部分则留给孩子自己独立思考。这种不提供完整答案的方式，可以使孩子在不知不觉中，自然而然地养成独立思考的习惯。

带孩子探病或参加葬礼

青少年自杀事件时有所闻，他们或许是为了逃避现实而选择死亡，或是糊涂地憧憬于死后世界的美好。做父母的不能让孩子轻易产生自杀的念头。为此，很有必要带孩子去看望病人或参加葬礼，使孩子了解死亡的意义以及看到濒临死亡的人的状态，体验葬礼感情（恐惧、感慨、惋惜、豁达等），能因此而强化孩子对生命的珍视。从这种珍视中，孩子会在不知不觉中体验出生命的可贵，而抛弃自杀念头，重新振作起来。

向来客介绍孩子

家里来了客人，孩子却躲起来，不与客人见面。许多父母把这当成一桩小事，认为孩子只要可爱，只要学习好就行了，至于能否与大人应酬并不重要。这就意味着父母不把孩子当作一个独立的个体，这对孩子早日自立是极为不利的。家里来了孩子不熟悉的客人（或路上遇到他不熟悉的人）的时候，应亲切地把孩子叫到面前，用富有尊重的口气向客人介绍："这是我的儿子（或女儿）。"这样做能有效培养孩子自尊、自信、自立和人际交往能力，是训练孩子独立人格的好机会。

专为孩子提供一套日常生活用品

孩子到了一定的年龄便会要求有自己的房间，这种要求自己拥有个人所有物的心理，与自我意识的形成有很大关系。在孩子很小的时候，就专门为孩子购置一套日常生活用品，如毛巾、脸盆、水杯、碗、勺、小凳以及床上用品等，与大人用品明确区分开。这样，可以使孩子更早地确立自我意识，孩子的自立心也会自然而然地培养出来。

不替孩子做他力所能及的事

不论在何种情况下，孩子要求父母协助（有时孩子并没要求，父母却主动去协助），若父母毫不考虑地帮助孩子，就剥夺了孩子尽快走向独立的机会，使他们不能靠自己的脑、手、脚等来解决问题。如，年幼的孩子走路走累了，往往央求父母抱或背他。这等于是孩子放弃了自己去解决问题，而想依靠他人之力。为训练孩子自立，父母可让孩子稍微休息一下，然后再让他靠自己的力量走，以锻炼其能力。孩子跌倒了，让他自己爬起来；自己的床，让他自己叠被子；想吃苹果、核桃，让他自己想办法去削皮、去壳。这种让孩子靠自己的力量去解决问题的方法，才是真正帮助孩子的方法。反复训练，孩子就会慢慢地不靠他人之力，一步步地走向自立。

对孩子尽早用学名相称

如何称呼自己和他人，是孩子是否自立的一种基准。有的孩子已经长得很大了，还是以小名自称，称呼父母也奶声奶气。这种孩子大多依赖心强、自立性差。为此，尽早让孩子使用“我”来自称，就可以使孩子意识到自我的成长，而在精神上更早自立。以此相适应，父母也应尽早把孩子当作一个独立的人、一个成人来看待他，尊重他，在称号上尽量不喊乳名、小名，而以学名相称，通过暗示效应，使他不自觉地尽快变成一个大人。

把孩子交给他人照料

把孩子暂时交给亲戚和朋友照料，是培养孩子独立生活能力、早日自立的便捷而有效的办法。孩子在自己家中，往往有一种依赖感，一切得心应手，不必多付出什么努力。但是，到他人家生活则不然。由于一切都和自家不一样，他便必须努力地配合他人家中的生活习惯，遵守那一家的规矩。有时为了达到自己的目的和愿望，还要大胆地、开动脑筋去说明和说服他人。这显然极有利于孩子早日自立生活。离开家庭也有利于孩子克服对家的依恋，而更加独立、坚强、大胆。

家务事有意征求孩子意见

家中一些有关事务可有意问问孩子的意见。不论你是否采纳孩子的意见，征求意见这种形式本身会令孩子有被尊重的感觉，因而感到自豪。这比总是照顾孩子更能使他感到自己是个“大人”，有利于增强孩子的责任感，使他更乐意帮助父母，更乐意以高标准要求自己，有助于孩子早日自立。

不管之管

当孩子遇到数学作业不会做时，你可以对孩子说：“爸爸妈妈也不会，我们的数学水平还不及你呢！”当孩子问某个字怎么写时，你可以以“查字典”一推了之，当孩子吃苹果时，你让他自己削，他如果不愿意削，你可以告诉他：“不会削就不削皮吃！”这种“不管”的做法，实际也是一种巧妙的管和教，因为父母不管，可以促使孩子自己动脑、动手，有利于培养孩子的意志能力和独立人格。

64. 使孩子自尊自爱

给予孩子恰当的爱

无论孩子多么淘气，都要使他明白自己是有价值的，是被父母接受的。家庭应成为爱的可依赖的加油站，孩子感受到的信息应当是：即使你没打扫房间，成绩不太好，诸如此类，父母仍旧爱你。你怎样才能既表达爱，又纠正他的不妥行为呢？心理治疗专家归结为：善于发现孩子做得对的地方。根据这种方法，应该对孩子说："我很愿看到你铺的床，现在我希望你做的是，把你的桌子收拾得同样整齐。"

负责任地表达愤怒

孩子做错事时，父母应说明自己的感受，并以一种关心孩子的口吻表达出来。方法是：当你做某某事时，我感到如何如何。不应说"你这个坏孩子"或"你这么笨"，而应该说："当你把玩具扔到小妹妹床上时我感到很生气，那样做会碰伤她的。"父母所传递的信息是对某一特殊行为的感受，而不是对孩子价值的判断。

提出符合孩子心理的明确要求

让孩子知道你希望他做不同的事情，给他机会明白正确行为。这种要求可紧随父母对他行为的感受之后。例如，对他说："你不该把玩具扔到小妹妹床上，在她不睡觉时，你可以和她一起玩你的小火车。"明确地要求使孩子不必猜测你到底要他做什么，也给他一个"取胜"的机会。所谓取胜是指使父母高兴或成功地完成某事。

了解孩子的想法

孩子的感情、思想是值得重视的，这可以增强他们的自尊。“主动听”是专家的一项建议，它要求你对孩子的话作出反应，以此来表明你已经听取了孩子的想法，并且理解他，孩子也感到他们的感情受到重视。

安排时间单独与孩子在一起

有些父母工作很忙，时间十分宝贵。尽管如此，专家们认为能抽时间单独与孩子相处十分重要。确保这点的最好办法是将其纳入你的计划。小到一起散步，大到外出郊游，这对联络感情十分必要。同孩子一起玩耍时遵守孩子的规则，不要超出孩子的水平。对于感到孤独的孩子，更应该花费专门的时间和他在一起。

允许孩子自己做事

父母总认为代替孩子做困难的事是对孩子的帮助，事实上这等于告诉孩子他不行，也不利于培养孩子的自尊。孩子需要刺激和挑战，要给他们机会去解决问题和发现自己的能力。当他们需要帮助时，指导和协助他们去想办法，寻求答案，而不是取而代之。

尊重孩子的物品

父母常常控制着送给孩子的玩具和书。例如，是你而不是孩子决定什么时候放弃某件物品。你可能认为某件玩具和书已经不适合孩子了，但事实上他仍旧需要它，甚至这种喜爱持续几年。因此，处置某件孩子的物品时，一定要先问问他本人。

帮助孩子正确看待自己身体的问题

孩子在成长过程中，出现粉刺、肥胖或雀斑等现象时，父母应帮助他解除精神负担。告诉他身体不过是个包装，真正的才能在内部——精神的实质。让他们了解你的意图，使他们懂得不应太在意自己的身体和相貌，这些问题可能是暂时的，也可以控制。

当孩子贬低自己时父母要进行干预

孩子贬低自己时，是在传达一种有关自尊的信息。这时应表现出实事求是的态度和对他的爱，认真听他说，再告诉他你的意见。例如，你儿子说“我真笨，什么都做不好”时，你可以对他说：“你认为你笨，我可不这么想。只不过你需要更多时间练习拼写。我知道你很聪明，还记得你是怎么修玩具卡车的吗？那可是需要创造力的。”

用非语言的方式表达你的爱

从父母那里得到的拥抱和轻拍有助于培养孩子的自尊。一位家庭治疗师认为：“孩子对非语言的表达十分敏感。”她还警告说，当你生气时，应避免接触孩子，你可能想表示爱抚，却不幸将气恼传输给了孩子。

弯下腰同孩子说话

不要总是站着，居高临下地说话，这不仅使孩子感到他很小，而且也增加了你与孩子间的距离。一旦有可能就弯下腰或坐着说话，达到眼神的交流。这也是一种更亲密的交流。

避免含混的信息

父母言行不一、前后有别就产生了含混的信息。例如，口里说“我爱你”，可看上去很严厉，不愉快；或是告诉孩子晚上害怕时找妈妈，可当这样做时又不高兴。专家提出为避免含混的信息，应注意以下几点：诚实（不要说不生气，实际上在生气），要求孩子的行为自己首先要做到，遵守协定和诺言，明确提出要求和规定，说出自己的想法和感受，使非语言的表达和体语与说出来的话相符。

注意孩子的独特之处

发现孩子的特点并加以引导，即使他们常常偏离自己应属于的模式。例如，一个敏感的富有诗意的男孩，可能成为很有创造性、擅长自我表达的人；一个特别高的女孩，可能转向运动或模特生涯；羞怯可能培养为温文尔雅、富有吸引力的气质。正确的引导能发挥孩子的潜力。

65. "劣性刺激"磨炼心智

寒冷或炎热

当今多数城市儿童很少尝到寒冷或炎热的滋味。天气转凉，父母就给他们穿上毛衣；天气刚见热，就吹上电扇或用上了空调。这样确实是让孩子很舒服，但却失去了耐寒耐热的锻炼机会。不要轻视这种锻炼，它是强身健体的主要手段。常言说"春捂秋冻""若得小儿安，常带三分饥与寒"，这是有道理的。据研究，经过寒冷或炎热锻炼的儿童不仅抗病力强、很少感冒或中暑，而且意志也比"温室"中长大的儿童更坚强。

饥饿

为什么有相当多的孩子有偏食、挑食的习惯？为什么许多孩子食欲差，吃再好的食物也不知香甜？究其原因是他们很少体验到饥饿的滋味。孩子们要是整天零食不离口，他们哪里还有胃口来对付一日三餐？要增强儿童的食欲，一个简单有效的办法是，有意识地让他们饿一点，尝一下饥肠辘辘的滋味，到那时他们就会饥不择食了。

劳累

现在的独生子女几乎与劳累无缘，父母尤其是祖辈怕把孩子累着，对孩子"服务到家"，使许多 4～5 岁的孩子不会自己吃饭、不会系鞋带。甚至上小学的孩子值日扫除、擦玻璃等事也让家长代劳。因此，孩子们大多不知道什么是累。他们由于活动量显著减少，身体缺乏锻炼，肢体懒散、肌肉无力，这不仅妨碍了身体发育，而且还会影响智力的开发和吃苦耐劳这一中华民族传统美德的培养，这是形成脆弱自私和好逸恶劳品格的重要原因之一。

困难

意志薄弱是当今独生子女中普遍存在的弱点，这与他们的生活总是一帆风顺有关。在家里他们是“小皇帝”，要什么给什么，使他们感到“世上无难事”。然而，任何的成功都是在不断战胜困难中获得的。有远见的父母应该为孩子人为地设置一些困难，经常给他们出些可以克服的难题，同时给他们以克服困难的勇气，教给他们克服困难的方法。只有这样，才能培养出身心健康，在逆境中不屈不挠的有用之才。

批评

现在好多父母天天小心地侍奉着孩子，看孩子脸色行事，唯恐惹孩子不高兴，只要孩子开心，干什么都行，即使做错事也很少挨批评。其实，孩子在成长过程中极需纪律的约束和适当的批评矫正他们的行为。应明确孩子不能做的事，如打人、骂人、糟蹋东西等是绝对不准许的。错了，就要批评，有时适当用点惩罚手段。受到约束和批评，孩子可能一时感到不快，甚至痛苦，但这对他心理健康发展是有益的。如果他们从来没挨过批评，到处都是表扬、夸奖声，很容易变成“老虎屁股摸不得”的小霸王。

66. 利用心理效应教子

角色效应

现实生活中，人们以不同的社会角色参加社交，它就像“魔棒”一样，把人紧紧地吸引到特定的行为规范和行为模式中，这种因角色不同而引起的心理或行为变化，就叫作角色效应。角色效应的产生要经历三个过程:一是社会和他人对角色的期待。就目前家教情况而言，普遍存在着对孩子社会角色期望的偏差，比如“好学生”在不少家长心目中就是“学习好”，“学习好”就是分数高。由此引发出教育指导思想的失误，造成家教中重智育，轻德、体、美和劳动教育的倾向，降低了家教质量。二是对自己扮演的社会角色的认知。在现实生活中，家长往往导致了孩子角色概念认识的偏差，一些孩子常以“我爸是经理”“我爷爷是书记”而自负，把自己与长辈的角色等同起来，颠倒了角色概念间的关系，致使这类孩子养成了狂妄自大、目中无人的畸形心态。三是在角色期望和角色认知的基础上，通过具体的角色规范，实现角色期待，这就叫角色行为。从角色认知的形成到角色行为的实现需要一个过程，帮助和教育孩子完成这一转化过程是家长的职责。如有的家长让孩子当家庭“财政部长”，安排家庭的开支，这就是在利用角色意识教育孩子，在一系列的角色行为中，让孩子更深层次地了解家庭生活，对于培养孩子的独立生活能力，克服马虎、草率、浪费等弱点是十分有益的。

暗示效应

心理学中，在无对抗条件下，用含蓄、抽象诱导的间接方法对人们的心理和行为产生影响，从而使人们按照一定的方式行动或接受一定的意见，使其思想行为与暗示者的期望相符合，这种现象称为“暗示效应”。一般说来，儿童比成人更容易接受暗示。在家教中，家长可应用“抽象诱导”的暗示策略使孩子产生暗示效应。如家长带孩子到医院打针，故意指着别的大吵大闹的孩子说：“这个孩子不勇敢，怕打针。”接着孩子说：“我勇敢，我不怕打针！”果然，在打针时，他能忍住疼痛不哭叫，这就是由暗示引起的意志行为。除用诱导语言外，也可以使用手势、眼色、停顿、提高音量或放低音量等方法。有经验的家长常有这样的体会：为了改变孩子偏食的习惯，可采用非言语的暗示方法。自己吃得津津有味，于是孩子就会不由自主地受到暗示跟着吃；如果同桌的其他孩子吃得很香，对这个孩子的暗示作用就会更大，这就是为什么“抢吃特别香”的道理。

进门槛效应

这是指一个人接受了较低层次的要求，适当引导，往往会逐步接受更高层次的要求。在家教中，家长很有必要学会这门技术，使孩子多产生进门槛效应。例如，孩子成绩不理想，如果马上要求孩子必须考 95 分，恐怕不易做到，如果由 65 分到 75 分，再到 85 分，这样一层一层地提出要求，孩子的成绩也许会一级级地上升。可见，在家教中，家长应将较高的目标分解成若干个经过努力有可能实现的子目标，才有利于调动孩子学习的积极性，孩子一旦实现较小的目标，迈过第一道门槛，再加上鼓励和引导，使孩子体会到成功的喜悦和欢乐，孩子便能最终实现家长的预期目标。

链状效应

这是指人在成长中的相互影响作用，传统的说法叫作“近朱者赤，近墨者黑”。这种效应在低龄儿童中表现得尤为突出，孩子由于年龄小，认知能力差，经验又不多，而且好奇、好动、好模仿，极易受周围人的影响，有时做了错事，自己还不明其中的原因。孩子的链状效应不是单方面的，不仅表现在思想品德方面的互相感染，而且在个性、情绪、兴趣、能力等方面都会发生综合影响，利用孩子的链状效应，让不同性格的孩子在一起，可以取长补短。

禁果效应

“禁果”一词来源于《圣经》，它讲的是夏娃被神秘的智慧树上的禁果所吸引，去偷吃禁果而被贬到人间。这种禁果所引起的逆反心理现象，称为禁果效应。这个故事给家教工作以极大的启示。现在有些家长总喜欢禁止孩子干什么事，不准这样不准那样。例如简单粗暴地禁止看武打小说、不准玩电子游戏等，其结果是越禁止看的书，孩子越想看。男女交往本是很平常的，但一禁止干涉，反而涂上了一层诱惑的色彩，易造成一些孩子的早恋倾向。可见，在家教中，不要硬性禁止，家长应善于做疏导工作，只有这样，禁果效应才会降低强度。

奖惩效应

奖励和惩罚是对孩子行为的外部强化和弱化手段，它通过孩子的自身评价能对孩子的心理产生重大影响，由奖惩带来的行为的强化和弱化就叫作奖惩效应。心理学实验证明，表扬、鼓励和信任，往往更能激发一个人的自尊心和上进心，正如古语所说：“数子十过，不如奖子一功。”但奖励孩子的原则应是精神奖励重于物质奖励，否则易造成“为钱而学”“为家长而学”的心态。当然，“没有惩罚，就没有教育”，必要的惩罚是控制孩子行为的有效信号。惩罚时用语要得体、适度、就事论事，使孩子明白为什么受罚和怎样改过。重要的是，家长态度要一致。现实中，有些家庭往往是“父亲责罚，母亲护短，爷爷奶奶打圆场”的局面，这会降低教育效应。总的说来，对于孩子的教育，有奖惩比没有奖惩的效果好；在奖惩的比较中，一般而言，奖励比惩罚的效果好，在奖励和惩罚的使用中，奖惩并用更适宜。

皮格马利翁效应

古希腊神话中，有一个名叫皮格马利翁的雕刻师，他夜以继日、废寝忘食地用一块大理石雕刻一个美女像，他把全部的心血倾注在石雕美女身上。他的诚心感动了上帝，上帝赋予美女石雕以生命。他们后来结成了终身伴侣，并且生活美满幸福。由这个故事，我们可以得到一个启示：精诚所至，金石为开。对孩子的教育，只要我们倾注全部的心血和爱，孩子是能够教育好的，是可以有所成就的。

罗森塔尔效应

心理学家罗森塔尔在一所小学做了一个实验：从小学 1～6 年级随机抽出 20% 的儿童，然后告诉这些儿童的各任课教师：通过智力测验（实际上未测验），这些孩子具有潜在的发展可能性。并嘱咐各任课教师一定要保密。尽管如此，各任课教师无形中对所抽出孩子的看法改变了，对那些原以为无可救药的孩子也因权威的肯定而认真对待。这种态度很快被这些孩子感受到了，渐渐地这些孩子也就听教师的话，学习用功了。过了半年时间，罗森塔尔把抽出的这部分学生与其他儿童进行智力测验比较，结果发现，所抽出儿童的智力水平明显地高于其他儿童。从否定到肯定，仅仅一个观点的变化，使孩子们的思想行为发生了变化，智力水平也发生了变化。由此我们可以得到一个启示：对孩子的教育，只要抱着积极的态度，充分相信孩子，孩子是能够提高的。

小红花效应

一朵小红花，花费很少，但给孩子挂在胸前的时候，这朵红花的价值就升高了。孩子会认为，小红花是对自己学习做出成绩的肯定，是先进的标志。由此产生更大的动力，更勤奋地学习，更好地做事，以争取更多的小红花。小红花为孩子的健康成长加了油。为此，我们在教育孩子的时候，不要忽视了对孩子取得成绩（哪怕是很小的成绩）的鼓励、赞扬，使小红花产生更好的效应。

定型化效应

指教育者依据过去的经验和头脑中已固定的模式，形成对某人或某类人的稳定不变的看法。例如有些家长因为孩子不细心，写字添笔掉点，做算术题常常把运算符号看错，就断定孩子长大了不能做细心的工作，只能做粗活，而对孩子的学习就失去信心；还有的家长一成不变地看孩子的弱点，致使这一弱点不但没有得到克服，反而得到了强化。定型化效应不能对孩子进行正确、客观、全面的评价，不利于对孩子进行正确的教育。

晕轮效应

这是指在对一个人的评价过程中，把知觉对象的某些印象不加分析地扩展到其他方面，从而影响着教育者对受教育者本质特征的认识和评价的一种心理现象。例如，有些家长因孩子学习成绩好，对孩子品德和体质方面存在的问题就不予重视；也有的家长因孩子偶尔犯了一次错误，就认为孩子一无是处，不可救药。这种一好遮百丑或一丑遮百好的晕轮，易出现以功掩过或以过掩功的片面现象。任何事情都是一分为二的，在对孩子的教育问题上，也要实事求是，一分为二，弄清本质，要克服晕轮带来的负面效应。

布里丹效应

文学家布里丹写过一个寓言，说从前有一头驴子，在干枯的草原上，好不容易找到了两堆青草，刚想吃这一堆草，又觉得应该先吃那一堆草；要吃那一堆，又觉得还是先吃这一堆。驴子在两堆草中间跑来跑去，不知道究竟该先吃哪一堆的好。无休止地选择和徘徊，结果驴子就在这徘徊之中饿死了。我们有些家长在教育孩子的时候，也有类似的情况，例如：今天让孩子学画画，明天又让孩子改学弹钢琴；今天让孩子学电脑，明天又让孩子改学体育。结果孩子什么也没学会，这样做不利于孩子兴趣的培养，不利于孩子良好的意志品质的培养。这山望着那山高，结果没有一座山能攀上。

反弹琵琶效应

电影《丝路花雨》中，主人公英娘不是抱在怀里弹琵琶，而是左手将琵琶反托在脑后，用手在脑后弹奏，边弹边舞，给人耳目一新之感，收到了意想不到的艺术效果。在对孩子进行教育的时候，有时也可采用反弹琵琶之法。例如，孩子有了过错，往往是家长对孩子进行说教，孩子只能洗耳恭听，如此次数多了，时间久了，孩子就烦，听不进去。可以改成让孩子说，说事情发生的经过，对的地方， 错的地方，今后该怎么做，孩子说清楚了就行了，说明他已能认识错误了，这样即使家长不说一句话，也能收到很好的教育效果。

父母修为类

67. 树立威信

不立即满足孩子的要求

一般来说，产生满足感和感激之心，大多是在得到不易获得之物的时候。如今，由于生活条件的改善，什么东西都很容易获得，多种欲求极易得到满足，所以人们的满足感和感恩之心便日益淡薄，孩子此种倾向更明显。孩子有所要求马上便能得到满足的话，心中便不会产生期待感，得到东西时，也不会有强烈的喜悦感，连带地便会使父母的威信降低。因此，有时即使打算接受孩子的要求，也不妨保留一段“等待”的时间，让孩子产生想要的东西不是那么容易就能获得的感觉。等待不仅是让孩子体验到什么是忍耐，也是一个让孩子了解父母能力的最好机会，累积多了这些经验之后，孩子自然便会顺从父母的威信。

刻意制造夸奖、责骂的机会

权威是服从的必要条件。为了让孩子在不知不觉中了解父母是自己正确与否的判定者，父母可以有意制造夸奖、责骂孩子的机会，这样，孩子便自然地了解了父母的威信，从而会接受父母的教导。

不随便向孩子道歉

说服的技巧中，有一种以道歉和贬低自己的方式，使对方在心理上觉得自己占了优势，但这种方法只能用在双方处于对立状态时，为拉近彼此距离而采用。如果父母随随便便向孩子道歉，等于一开始就把孩子当成对立者，而希望借道歉来建立与孩子站在同一阵线的感觉。经常这样做，会使孩子变得自大、自负，而使父母的权威荡然无存。

批评孩子时故意制造点紧张气氛

许多人都有过这样的心理体验，当上司或老师对你说："等一下到我办公室里来！"心里便会马上紧张起来，拼命地想：自己说了什么错话，干了什么错事？老师将学生叫到办公室里去，有时为了避开同学批评他，有时只不过想问他一些情况给他交代一些事情。用这种方法会提高学生的紧张感和心理压力，而预先做好心理准备，孩子的接受度便会提高。因此，为使孩子体会父母的威信，父母不妨在批评孩子时故意制造点紧张气氛，把孩子叫进你的书房责骂，或者叫大家都回避，你单独同孩子谈谈等。这种故作慎重、煞有介事的做法，对提高父母威信十分有效。

制造"航海"的机会

经常外出航海，偶尔回来几天的父亲，在家往往更有威信。因为经常不在家，与孩子有了距离感、神秘感，经常不在家，当然同孩子交谈少，说一句算一句，分量足、价值高。母亲们可以故意制造一次父亲去"航海"的机会，以此提升父亲的威严，同时也能凸显母亲的存在和价值。

以沉默、冷漠显示威信

母亲平时唠唠叨叨，有一天突然沉默不语，表情冷漠，孩子心里一定会感到不安。人们在预期会被责备时，如果真的被责备了，便会变得安心，紧张感便会随之消失。但是如果是父母出乎意料地沉默的话，孩子便无法理解母亲的心思，而会开始多种猜测。这种沉默比责骂反而更有效果。

说教时面对着对方

一般情况下，亲密的男女朋友，都是并肩而坐，因为彼此早已心挨着心，没有必要处处提防对方。即使保持沉默也得显示威力，父母坐在孩子旁边说教，就很难达到理想效果。要充分显示父母的威严，说教时应同孩子面对面地坐着。

68. 沉默教子

用沉默表示缓和

父母在辅导孩子学习或进行交谈时，适当地使用短暂的沉默，可以使自己有理清思路、选择措辞和观察孩子反应的机会。当孩子与他人发生纠纷，父母在解决这类问题时，可以适当使用沉默，进行“冷处理”，以缓和气氛，使孩子冷静和理智一些，从而接受父母的教育。

用沉默暗示反感

父母发现孩子语言轻狂放肆或行为不够检点时，可以采取沉默的态度，使自己显得和蔼而稳重、慈祥而威严。这样，孩子就会感到父母身上有一种令人敬畏而又神秘的力量，于是就会自觉收敛起不良行为。

用沉默显示威严

父母若发现孩子犯较严重的错误，而又弄不清楚真实情况的时候，为使孩子不隐瞒过错，及时纠正错误行为，可以作沉默不语状，让孩子在父母的沉默中感到震慑和威力，自觉地把问题讲清楚。这样父母可对症下药，因势利导。

用沉默树立威信

教育好孩子，父母必须先树立威信，树立威信的办法之一就是少唠叨。对于孩子小是小非而又非原则性的问题可以保持沉默，什么也别说；如果刚批评过孩子，他接着又出现不良行为，这时就不宜再批评而以沉默为好。俗话说“沉默是金”，沉默有树立威信的作用。

69. 无言巧沟通

借助文字进行沟通

这是最常用的方式，需要注意的是语言包括口头语言和书面语言。就沟通艺术而言，语言还可分为直接语言和间接语言。使用书面语言，效果是“此时无声胜有声”。使用间接语言，意在言外，拐了个弯的语言效果反而比直截了当的更好。可见，从沟通的效果看，家庭心灵沟通应增加一些书面语言的沟通，有时还不妨来个“拐弯抹角”。

借助情境进行沟通

孩子犯了错，妈妈在饭桌上一言不发，创设一种沉默的情境。为了让孩子不要骄傲，“百尺竿头，更进一步”，爸爸带孩子来到孩子曾经失败的作文比赛考场，意在使孩子看到自己的不足。情境常常是最好的媒介，家长的许多言、许多情，可以寄托于情境之中；孩子从家长有意设计的、有意领入的情境之中，可悟出言、体验情。

借助距离进行沟通

心理学家研究证实，人与人之间的距离对人们之间的交流起很大作用。经常抱抱孩子，表示对孩子的喜欢；经常与孩子坐在一起谈心、玩耍，表示对孩子关心；相反，疏远孩子，则表示对孩子不满。例如，孩子没考入重点中学，爸爸要安慰他，怎么办呢？最好的办法是经常靠近孩子，把自己的安慰之情寓于距离的拉近之中。孩子跟妈妈顶嘴，为了让孩子知道妈妈的伤心，表示对孩子行为的不满，妈妈故意走开，并且在看电视时，也有意不和孩子坐在一起，孩子会由此产生感触的。

借助行为进行沟通

家长的行为具有多种功能，人们较多地注意到它的示范功能，而忽略其沟通功能。家长想告诉孩子：父母工作很辛苦，应该体谅、孝敬父母。如果用行为沟通，可能效果更好。父母有意识地把下班后的疲倦状态展现在孩子面前（不是“装”，而是实实在在的疲倦，只不过平时家长喜欢强打精神而已）；并且带着这种疲倦，又马不停蹄地忙家务（有些家长习惯于自己忙家务，而催促孩子去读书、作业，其实是失去了心灵沟通的机会）。父母的疲倦状态、父母的忙碌行为，无疑会激起孩子心灵的浪花。

借助表情进行沟通

摇摇头，表示不赞成；皱皱眉，表示不满意；面露笑容，表示欣慰；目光专注，表示关心。运用这些表情，不仅可以传达意思，而且可以传达感情。家长不仅需要恰当运用表情与孩子沟通，而且要留心孩子的表情，孩子时常也在用表情与家长进行沟通。孩子拿出羽毛球拍，朝爸爸一笑，爸爸回以一笑，两相一笑，心灵沟通了：走，出去打羽毛球！

借助物体进行沟通

孩子考试成功，妈妈在孩子床上插上一束鲜花，表示对孩子的祝贺。孩子发脾气，爸爸把孩子喜欢的玩具拿来放在孩子身边，像是说：“别发脾气了，来玩玩具吧！”为了提醒孩子按时做作业，奶奶专门买了个小闹钟，一到作业时间就会自动响铃。这些物体本身是没有表情达意功能的，但当家长在特定的条件下对孩子使用时，它就发挥了额外的作用。

借助别人进行沟通

妈妈想对孩子表述一个意思，但孩子正在生妈妈的气，妈妈便请爸爸与孩子沟通；孩子希望爸爸带他到农村的爷爷家去度假，因为考试没考好，他又不敢跟爸爸提，于是请妈妈跟爸爸谈。在双方不便直接沟通时，借助别人架起沟通的桥梁，常常是殊途同归。

借助影视、音乐、图画进行沟通

爸爸心里烦躁，拉上一段二胡，孩子便明白：爸爸心情不好。孩子在纸上胡乱涂画，并且是当着妈妈的面，妈妈应该知道：孩子想告诉她一件不顺心的事，但又不便直接开口。

70. 高效沟通

每天抽时间听孩子谈话

每天抽出一二十分钟，认真倾听孩子讲一天的生活，说想说的话。

出差保持沟通

要出远门前，录制一些录音，留给照顾孩子的人代为播放，以示对孩子的关爱。平时如有睡前讲故事的习惯，便预先录制，让孩子睡前听。也可预先在家中收藏一些礼物，然后在途中致电回家，请孩子在家中找出，随时保持联络，也可在远方和孩子玩游戏，孩子会十分高兴。

多说“我”少说“你”

不说：“放学你应该立即回家！”而说：“放学后你不回家，我会很担心。”前者易引起孩子逆反心理，而后者则委婉提出要求，让孩子理解父母心情，孩子容易接受。

孩子诉说时认真倾听

无论孩子是向你诉苦还是报喜，都应该尽可能停下手头的事，认真倾听。倘若边做事边听，表现出漫不经心的样子，孩子接收不到积极的回应，日后也就懒得对你讲话、与你分享心事。

语气平和、态度冷静

尖锐高昂的声音带有威吓的效应，应尽量避免。尽可能面含微笑，发出欢愉、平和的声音，显示友善、冷静的态度。

平行交谈

父母与子女一面做些日常活动，一面交谈，重点放在活动上，而不是谈话的内容，双方也不必相互看着对方。用平行交谈方式跟青春期的子女谈话，往往能引起积极回应，这种非面对面的谈话方式让父母和孩子都感到轻松自在。

经常抚摸孩子

抚摸能增加孩子的精神力量，有安慰作用，也有治疗作用，是一种特殊的语言和奇妙的沟通方式。经常被抚摸的婴儿发育更快，比其他新生儿更聪明，对人的表情反应更加敏感。孩子最难受的是父母不理会他。父母经常抚摸、拥抱孩子，孩子的心理就会更加健康，同时也更加聪明，成材也更快。

对孩子讲短话

孩子在学校听到的，几乎全是教师滔滔不绝的话，一堂课接一堂课，天天如此。要是回到家里，父母再没完没了地责备或长篇大论说教，孩子一定很反感，甚至顶撞。父母应讲短话，而且力求准确、恰当，能幽默和风趣更好。

71. 听懂孩子讲话

重述孩子的话

在人类的语言发展上，不论孩子和大人，都会有些不完整的地方，有时夸大，有时自己所说的自己都不了解。所以重述孩子的话，可以使孩子再次听听自己所说的内容，而有机会加以修正。“妈妈，哥哥老是欺负我。”“哦！哥哥老是欺负你啊？”“不是啦！哥有时候欺负我。”其实是哥哥刚才不小心撞了他一下。

猜测孩子的意思

“妈妈，班上同学都不喜欢我了。”“为什么？你跟谁吵架了？还是意见不合？”他会认为妈妈很了解他，纵使猜不对，意思也不远了，这种方式可以引导他继续往下说。

请孩子举例

“妈妈，同学们都不喜欢我了！”“为什么呢？你可不可以举个例子？”

帮助摘要综合

我们并不鼓励父母打断孩子的话，但是如果当孩子说得太长又混乱时，父母可以趁机将内容作摘要重述给孩子听，帮助他整理。

恰当引导

分为非语言及语言两方面的引导。非语言即身体语言。当幼儿园老师和小朋友说话时，一定蹲下身子倾听，这一身体表现对说话者有很大的鼓舞作用。眼睛平视点头微笑，身体微微向前，通常给人专心和诚挚的感受。语言：当说话者在发泄的时候，只需要简短的一些话："嗯，我了解""然后呢"就能引导对方继续说。很多时候，说话在心理上起一种"净化作用"。其实很多问题只要说出来，心里就舒服多了。

72. 巧向孩子提问

明知故问

明知故问，可引导孩子顺着问话的思路回答出父母想要知道的内容和答案。明知故问要在问话中隐含答案，或在问后较容易得出答案。这样的问话，问题比较简单，不会难着孩子，一般来说，较适合于年龄小或智力、思维能力的发展尚处于较低水平的孩子。明知故问的问句形式有设问、附加问、选择问、反复问和是非问等。在明知故问时，父母要注意做到，虽明知但要装出不知的样子，使孩子不认为你是戏弄他。

询问原因

父母应经常有意识地在问话中引导孩子从原因这方面来思考，以便促进孩子逻辑分析、抽象思维等能力的发展，激发孩子对事物了解的好奇心和探究事物因果联系的兴趣及热情。特别是对于年龄较大的孩子非常重要。

连锁问话

连锁问话，就是在一次问话中依次提出多个相关的问题。对于儿童，一般采用发散性的连锁问或阶梯式的连锁问。发散式的连锁问是在问话中用多个假设，在假设中让孩子考虑在一定条件限制或影响下的做法。它可以培养孩子的想象能力、应变能力、解决问题能力和发散性思维。阶梯式的连锁问是在问话中把难度不断加深，使孩子对答案有更全更深的了解。它可以培养孩子由浅入深的思维、全面理解事物的能力并加深对答案的理解。在用连锁问时要注意的一点是问话时不要过快，这会使孩子的思维跟不上，造成心理压力过大。

似问非问

似问非问实际上就是反问，但它不像反问那样有强烈的斥责语气，它的语气较委婉、温和，感情宣泄不激烈，使孩子容易理解。比如，“什么时间了”“该到睡觉的时间了吧”这些话就隐含着“已到了睡觉时间，该睡觉了”这样的命令语气。似问非问由于语气较好，容易使孩子接受，不产生对立情绪，有利于父母与子女之间的关系融洽，有利于孩子健康心理发展。

73. 让夸奖产生最佳效果

全家都夸奖同一个优点

为了使孩子觉得母亲的夸奖是真实的，可让孩子的父亲和祖父母从旁协助，多人重复夸奖同一优点。比如，母亲夸奖孩子某事做得很好，隔一段时间，父亲和祖父母再夸奖一次，三四个人之口，都说出同样的夸奖语，就算原本不是事实，也会产生出是事实的错觉，从而使孩子建立具有某一优点的自信，达到夸奖的目的。

利用他人夸奖

在孩子的心目中，其他人所讲的事，要比父母或兄弟所讲的事更可信。因为父母或兄弟所讲的话，往往掺杂着亲情、鼓励、希望等多种感情，会使孩子产生那是他们主观评价的感觉，而隔壁邻居或其他不相干人的话，却会使孩子得到客观的信息，增加话语的真实性。为此，可请第三者代替夸奖孩子，如邻居、老师、朋友等。也可借别人口夸奖，如“×××说你的画画得真棒”等。

先指出小缺点再夸奖优点

夸奖过了头，会给人不可信的感觉。夸奖优点之前，故意指出孩子的小缺点，这样能增加夸奖语的真实感，使孩子觉得这些话是一种客观的评价。不是故意夸奖而是一种冷静的看法，这样孩子更能从心里接受。这里指责孩子小缺点是一种辅助手段，所以应选一些无伤大雅的小缺点，否则可能弄巧成拙。

集中夸奖某一项优点

夸奖孩子时，不能既说他个性温柔，又说他脑筋灵活，而要集中在某一项优点上强化夸奖，这时听者会觉得仿佛整个人都被夸奖，而更加确信不疑。在心理学上，这叫部分刺激，即利用自我某一部分的满足，以获得整个自我的安定和扩大感。那浑身都是优点的夸奖，说了等于没说。

他人夸奖孩子时大大方方予以肯定

当他人夸奖孩子时，做父母的不应感到不好意思或故作谦虚，而应呈现赞同、附和的表情，以增强夸奖语的客观性、可信性。父母承认他人对孩子的积极评价，能强烈刺激孩子的自我。若是有人夸奖："真是好孩子！"你应表示："这孩子是不错！"而许多父母却会很客气地说："这一会儿老实了，你没看到，他调皮起来烦人得很！""其实他也很一般。"这样谦虚，貌似一种美德，但却很容易变成给孩子负面暗示的"恶德"，父母的这种谦虚，很容易让一个优秀的孩子，变成一个名副其实的"很烦人""很一般"的孩子。

有意当着他人面夸奖

孩子被夸奖时，如果没有他人在场，他很可能以为你在哄骗他，他也不当回事，如果当着他人的面夸奖，感觉上似乎也受到他人的赞同，更增加了夸奖客观性和认同的范围，使孩子信服，也增加了荣耀感，所以会格外高兴从而达到强化优点的目的。

即时夸奖

在行为之后立即给予评价，这在心理学上，是一种"即时强化原则"的应用，即所谓"趁热打铁"。夸奖孩子的具体行为，最好在事情发生之初就给予评价，这样就不容易混入其他杂物，对方更能坦率地接受。若因种种考虑，待孩子的良好行为之后很久才给予夸奖，孩子可能误以为是故意奉承，不容易接受。

经常更换夸赞的词语

一个众所公认的美女，必然听惯了一般的赞美之词，如果你用普通常用的词语夸耀她，她的感觉、反应一定很平淡。夸奖孩子如果老是用“你真乖”“你是个好孩子”等话语，孩子听了也许不会感到任何意义。因此，每次夸奖孩子最好都使用不同的词语，这样，夸奖才更具有真实性，对孩子更具有刺激性。

74. 让孩子更容易听进你的意见

让第三者传达意见

报纸、电视新闻常使用“据消息灵通人士指出”的字样，利用第三者的情报来源，提高人们的接受度。这种方法运用在父母传达意见给孩子时，也相当有效。当父母有话想告诉孩子，但却担心孩子听不进时，可以请孩子的伯父、伯母告诉孩子：“你妈妈的想法是”“你爸爸不同意你的选择”。这种方式比起父母子女相对，能提高孩子的接受度，孩子更容易接受。

给孩子写纸条

说话是一种直觉的、冲动的、很容易受到感情左右的行为。因此容易说过头话、气话甚至脏话等。而用写纸条、写信这种书面语言，能将这些直觉、冲动的事物，重新加以思考，以冷静的态度，周到、得体、文明地传达出去。避免与孩子“正面冲突”，维护了孩子的自尊心，显示了父母的较高修养，孩子当然愿意接受其中的观点。

用低沉的语调讲话

孩子往往有逆反心理，你越是高声对他讲话他越不愿听，甚至和你对着吵，本来想接受的意见也不会接受。低沉的声音比高亢的声音更具有提高听者接受度的效果。因为低沉的音调给人理性的感觉，且亲切、柔和，拉近了与受话者的距离，更易被人接受。父母常以低沉、温和的语调同孩子讲话，能使孩子更易听你的教导，不知不觉中变得乖巧。

先承认也犯过类似错误再提出建议

父母免不了要为孩子的失误而责怪孩子，提出建议，不过当你想责怪孩子“怎么又失败了”之时，不妨先承认“我也曾经犯过同样的错误”。这样孩子心里感到很舒服，这时，你再自然地以一个亲身经历者的身份说出你的看法，提出你的建议，孩子就会愿意接受你的教导。承认也犯过错，显示了你的坦诚，拉近了与孩子的距离。

以商量的口吻说出你的“指示”

不管是大人、小孩，都不喜欢受别人的指使而做事，小孩子更不喜欢大人用强迫命令的口吻说话。想叫孩子去做某件事最好不用命令的口气，而以提议和商量的口吻来表达，如“这样做的话也许比较好”“你把碗洗一下好吗”“是不是该睡觉了”等，这样的话，孩子受到充分尊重，仿佛自己在做决定，拥有选择权，便乐意按你的（仿佛是自己的选择）去做事。

告诉孩子：“我只讲一件事”

讲话的内容太多太长，人们不会留下什么印象，也不愿听。你有许多事想提醒孩子，如果一开始唠唠叨叨一大堆，孩子会觉得不耐烦，就不会好好听你说。想讲的事越多，就越要营造一个让孩子愿听想听的环境。在讲话的开始你便告诉孩子：“我只讲一件事”或“我只讲三分钟”，使孩子感到负担很轻，进而产生听的条件，便能够达到效果。孩子想：只有一件事（只讲三分钟）就听听看吧。这样便形成了他能接受的条件了。

多讲“可以做”少讲“不要做”

叮咛孩子包括“不要做”和“可以做”两种说法。两者看似一样，其实差别极大，效果迥异。前者是限制性叮咛，后者是要求性叮咛。限制性叮咛只告诉孩子不能做什么，却没有告诉他具体可以做什么，使孩子陷入这样也不行、那样也不行的闭塞状况，不知如何是好，导致行为受限，缺乏耐性。相反，要求性叮咛给予孩子具体指示，使孩子明白该做什么以及如何去做。而且该做法不提缺点，只是侧重发挥孩子的优点，通过发挥、发扬优点克服不足之处，要求性叮咛是一种理想的叮咛方式，相对而言，孩子更容易听得进这种要求性叮咛。

先表扬再批评

如果你对孩子说："你语文成绩不错，要是数学也能赶上来就更好了。""你是个好孩子，在学校听老师话，如果在家里能帮助做点家务就更全面了。"先认真、真诚地赞美、表扬孩子的优点、长处，然后再指出缺点和不足，并提出要求、希望，孩子一定会乐于接受你的建议和要求了。

把你的决定放在选择性提问的后面

在选择 A 还是选择 B 时，如果你问："你要 A 还是 B?"或问他："你要 B 还是要 A?"一般来说，大部分人对前面的提问会回答 B，而对后面的提问会选择 A。人都有把结论和决定放在最后的心，利用人们这种心理倾向，若你想让对方选择你已做好的决策时，即可采用这种将决定放在后面的问法。这样，犹豫不决的对方便会把你的问法当作自己下的决心。比如，吃完晚饭，孩子迟迟不肯进书房念书，这时如果问他："你是去做作业还是再玩一会儿?"孩子自然回答："我还想再玩一会。"但如果想诱导孩子读书，就应这样问他："你是再玩会儿还是去做作业?"这样孩子一般会回答："做作业。"

将你的决定作为选择性提问的前提

某女士想在结婚时举行一个普通的仪式，男方却反对任何仪式。后来该女士听取别人忠告，先假定要举行仪式，而直接问对方："是把所有的亲朋好友都请来呢? 还是只请一些特别好的朋友来参加我们的婚礼?"这样一问，原来不打算举行结婚仪式的男方，选择了后者，最后他们仍然有了一个普通的结婚仪式。这种转移注意力的问法，巧妙地跳开 A 还是 B 的争论，而定位于如何进行 A，是一种有效的心理战术。当孩子正为两种选择而犹豫不决时，可暂时将这个选择放置一旁，而提出另一个选择性问题，而这个选择性问题巧妙地以原选择的一种作为前提。孩子为升学还是就业而迷惑时，家长想让孩子升学，这时不让他直接选择一个，而以升学为前提另外问他："想考重点学校还是普通学校？"这时孩子就会产生自己一定升学的错觉，原来的迷惑便会消失。

请权威说明

父母在孩子心目中的权威地位，是说服孩子的前提条件和有效手段。但父母不可能是全能的，不可能在每个方面都有权威，比如父母认为孩子穿奇装异服"难看死了"，而孩子认为父母是死脑筋，不懂得美，这时就难说服孩子。如果由一位美容师根据孩子的体形或个性就其打扮评论一番，孩子就乐于接受。所以，如果父母在某一方面无法让孩子听取你的意见时，可请孩子依赖和佩服的人来劝告孩子，效果就好多了。

75. 抓住教育良机

新学期开学的时候

新的一年、新的学期开始或孩子进入新的学习环境的时候，孩子会有一种新的意识、新的愿望、新的压力和新的动力，还伴有精神振奋、自尊心加强、上进心易得到调动等情绪，从而会产生“从头来，好好干”的愿望和决心，在这个时候，家长如能鼓励加油，提出适当的希望和要求，将会产生积极的期待效应，增强孩子的上进心。

享受成功喜悦的时候

孩子获得成功，受到了别人的称赞和羡慕时，他的信心最足、心情最好，也最乐于接受更高的要求，这时，家长如能在祝贺鼓励的基础上，对孩子提出明确具体的新目标，将会使孩子加倍努力。

受到委屈难过的时候

当孩子没有做错事，而被别人误解了，或者孩子好心办坏了事，而又没得到别人谅解时，他们的情绪是低落的。这时，家长如能以冷静、宽容的态度去帮助孩子解释，并能说些挽回局面的话，孩子对父母的感激之情会油然而生，也就容易接受父母的告诫和引导。

老师来家访的时候

有些孩子在家很淘气，他们知道父母疼自己，就常不听话，而教师来家访时却格外老实。这时，家长如能当着老师和孩子的面，先说孩子的优点，再以希望的口气提出孩子的缺点，将会起到“言听计从”的效果。

遇到困难、失败的时候

当孩子遇到困难和失败时，思想上有很大的压力，尤其需要别人的理解、关心和帮助。比如考试不及格，或者高考落榜了，家长不是训斥、埋怨、指责、冷眼，而是伸出温暖之手，说出知冷知热的话，一分为二看问题，先肯定孩子的成绩，再对不足之处加以点拨，分析其后进的原因，寻找迎头赶上的对策和措施，使孩子茅塞顿开，放下包袱，轻装上阵，定会加倍努力去战胜困难和失败，取得新的成绩和成功。

有较大过失的时候

每个家长都希望自己的孩子平安，不要发生什么过失。但是单纯幼稚的孩子发生过失是难免的。孩子有了过失，受到批评，他们也是痛苦的。面对现实的教训，孩子们也会反省和检讨。这时，很需要家长的同情、安慰、谅解。如果进行耐心的说服教育，往往能收到比平时教育更好的效果。

对某事物兴趣浓的时候

孩子的兴趣和爱好很丰富，在不同的年龄、不同的学习时期，对某事物或活动产生了浓厚的兴趣时，他们会有强烈的追求欲、求知欲，劲头最足、热情特大。在这个时候，家长不要随意限制和阻止，应分清该做的、不该做的、集中精力做的、课余时间做的、目前急做的、今后实现的，并给予及时的帮助和引导，将会对孩子起到“顺水推舟，舟行而快”的作用。

有较大活动的时候

每逢社会、学校有较大的活动，引起孩子特别关注时，孩子易兴奋起来，表现出较大的热情，家长要不失时机抓住这个良机，教育孩子遵守纪律，为集体争光，为祖国献誉。

他人取得成绩的时候

邻居的孩子，特别是同龄的孩手取得优异成绩时，孩子的内心是激动和羡慕不已的，往往会暗暗下决心，“我也要做出成绩”。在这个时候，家长千万不能挖苦自己的孩子：“看看人家，瞧瞧你！”这样容易刺伤孩子的心灵，应以正确的态度激励孩子“你也不笨，只要努力，赶上别人有希望”。孩子将会把五分钟热情变成持久的行动。

做客或有客的时候

家长们不要错过这个教育孩子的好时机，谁家不做客、不来客呢？一般的孩子都喜欢听表扬，而不愿在别人面前出丑。表扬会让孩子特别有成就感。所以，当家长带孩子外出做客或家里有客人来的时候，孩子的言行都会受客人的一种无形的束缚或检验。在这个时候，家长对孩子进行教育，能取得较好的效果。

76. 结合生活自然渗透教育

自然结合

妈妈剖鱼、煎鱼，孩子在一旁有趣地观望。这时妈妈可以边处理鱼边同孩子谈话：鱼为什么要长尾巴？鱼鳞有什么作用？鱼肚子里的泡泡是干什么的？孩子会很高兴听妈妈的讲解或回答。这就是一种自然结合，边煎鱼边进行关于鱼的知识教育。

启发诱导

妈妈爸爸和孩子一起看小人书。书上的小熊很勇敢，摔了一跤，既不哭也不闹。于是家长启发孩子说：“要是我们的冰冰摔了跤，也一定像熊那样勇敢，不哭不闹！”孩子记在心里。果然一次摔跤后，虽然眼泪在眼眶里转，但却硬是没哭出声来，这就是启发诱导的结果。

由此及彼

妈妈在洗脸，孩子赶忙递来毛巾，妈妈及时表扬并说：“冰冰真聪明、真能干，要是爸爸下班了，冰冰能给爸爸送去拖鞋就更聪明、更能干！”这就是由此及彼的教育艺术。

寻求机会

有的孩子性格内向、胆小，不喜欢说话，特别是见了生人更不敢说话。家长就要有意在日常生活中寻找契机，以锻炼孩子与人交往的能力。如当有客人来时，可让孩子亮个相，问声好，说上几句话；去商店买玩具时，让他直接与售货员叔叔、阿姨对话；外出做客时将孩子带着，教他与人交往的本领。天长日久，孩子就会克服胆小不敢说的毛病。

抓“兴奋点”

家庭中的一些趣事、新鲜事，孩子最感兴趣、最为关心，是孩子的兴奋点，也是教育渗透的最好时机。家长要抓住机会做文章。比如，爸爸被评为先进工作者，拿回来一张大奖状和一朵大红花。孩子特别兴奋，摸摸奖状，摆弄摆弄大红花。这时妈妈可在孩子面前讲讲爸爸工作积极、学习刻苦、助人为乐等具体事迹，还可与孩子一道商量做一顿丰盛的晚餐以示庆贺。晚餐上可勉励孩子长大了也要像爸爸那样当先进工作者、戴光荣花、拿奖状。

看好火候

渗透并非可以随心所欲，并不是想什么时候渗透就一定会有效果的。有时早了，不到时候，白费力气；有时迟了，错过时机也不会有用。比如孩子玩积木兴致正浓，你偏让他听小白兔爱清洁的故事，想对孩子进行清洁卫生教育。孩子的注意力还没转移过来，这就是不到时候。同样，当孩子表现出某种“良好的创举”，决心要做件什么事时，你却漠然置之，既不关心，也不具体帮助，这就是失去火候，孩子的创造精神就会受挫。

77. 家长生气时的科学处理

按三步处理生气

为避免在气头上对孩子造成心理和身体上的伤害，生气时可按三步进行。第一步：大声说出自己的情绪，给孩子以警告。“我有些生气啦！”“我不高兴啦！”“别闹了，我已经生气啦！”如果这种简短的表示，不能阻止孩子的不良言行，就可进行第二步：表达愤怒之情，加强语气，增强紧张气氛。“我生气了！”“我要发火了！”“我非常讨厌你这样做！”一般情况下，父母这种强烈的生气表示会终止孩子的不良行为，但有时必须进行第三步：强烈表达内心反应，说明生气原因，表明自己已经忍无可忍以及将要采取的措施：终止孩子的行为并进行惩罚等。特别是生气时不容易控制情绪的父母，按照此三步骤来表达生气的情绪，既可出出气，又不会对孩子心理和身体造成伤害。孩子也可从中学到，自己生气时如何舒缓情绪而又不会引发难以收拾的局面。

暂时避开

当孩子惹我们生气时，我们常常会气得大叫，用诸如训斥、揪领子、不许看电视等方法吓唬他们，而通常这种威胁是很极端的，与事情的本身并没有什么联系。我们也知道，不太可能永远禁止孩子看电视。当孩子惹大人生气时，大人完全可以暂时离开房间，使用“冷处理”的方法。与其在气头上说些言不由衷的话，还不如一天不要接触他。置之不理对孩子来说是表达你气愤心情的一种很具有处罚性的行为。这会让孩子觉得他的所作所为实在太令人讨厌，连父母都不愿意和他在一起。

告诉孩子你有多生气

用一两句话来表达你的心情往往不如保持沉默更能感染孩子。在气头上，我们都会不停地重复当年父母曾用在我们身上的那些语言“你真笨”或“你真是无可救药”，虽然我们曾经发誓决不对我们的孩子说这类话。与其对孩子大喊他多么不可救药，还不如告诉他你有什么感觉。简单地告诉你的孩子，他的行为使你不高兴，注意用词不要伤害到他。经常对孩子说“我生气”或“我不高兴”之类的话会使他们觉得无所谓，尤其是当父母和孩子的冲突颇为频繁时。那么不妨换一些词语来试试，例如“气愤”“不满”“吃惊”等。在寻找恰当的词语来表达你的感情的同时，你可以有充分的时间恢复到平静中来。而孩子们，特别是大一些的孩子会认真地听你将老意思用新语句表达出来。

减少清规戒律

受到太多限制的孩子不久就会对那些“清规戒律”置若罔闻，使父母徒生很多烦恼。最有效的办法就是将“清规戒律”的数量缩小到对家庭生活最关键的五六条。在大脑中回忆一下最近一段时间里最惹你生气的几件事，能够帮助你确定哪几条规定是至关重要的。你可以权衡一下家庭生活中最重要的几项规定。例如早上的时间紧张，你不可以放宽女儿在上学前必须整理好床铺的规定；相反，做完作业才能看电视就成为不容商量的一条规矩。有了这些清楚明了的规定，你就不会再为一些小事儿而感到生气。孩子也由此而知道什么是必须做的事。

用词精练

就事论事，可以避免事态的恶化，使你的批评更具有针对性。很多父母都忽视了这一点：说得越多，孩子听得越少。最好用一个词代替长篇大论的说教。当孩子忘记将大衣挂起来时，你可以说一句“大衣”，如果她忘记关灯你就说“灯”，忘记刷牙你可说“牙”。总之，注意语句的简短可以使孩子集中注意力，避免将大人的话当成耳边风。

向你的孩子道歉

不管我们如何努力控制自己，对孩子发脾气还是在所难免的，我们会说出或做出一些我们在冷静和理智的情况下绝不会说出或做出的事情。如果这种情况发生，我们建议你向孩子道歉——但一定要在你冷静下来时。因为情绪激动时向孩子道歉，会使孩子因你的语气和内容之间的差距而对你的诚意产生怀疑。道歉是出于你对孩子的爱。你可以告诉他："我对你吼叫时，你一定吓坏了。我很抱歉，我失去了冷静。但我仍很爱你。"不要担心这种道歉会降低你的威信。孩子们可以从中知道每个人都会犯错误，但只要能承认错误就是好样的。

78. 父母保持充沛精力

与好朋友多交往

与能为您排忧解难、令您心情轻松愉快的朋友多交往，坚持用积极、乐观的态度与朋友交谈。多与其他孩子的父母交往。

专门与孩子玩

每天安排半个小时的时间专门用来与孩子一起玩。让孩子设想并渴望这半小时的活动。不要整天都一边做事一边照顾孩子。

乐观面对生活

学着用达观的态度对待生活。这样无论上班、做家务或照看孩子，您都可以自己放松下来，体验生活的乐趣。

按自己口味做饭

找机会做些自己喜欢吃的食物，不要只按孩子的口味做饭。

融洽夫妻关系

了解你对爱人的需要是什么。同时，也要理解和满足对方的需要。可以通过谈话和身体语言实现双方的沟通和交流。

让他人分担养育孩子的负担

充分利用周围的条件，减轻养育子女的负担，如利用邻居、托儿所、俱乐部、游戏小组、家长学校、运动场馆等。

从事自己的爱好

在孩子由幼儿园老师或保姆照料时，尽量做些自己的事，不要将这段时间只用于工作或家务。享受自己喜爱的音乐，从事健身、健美活动等。

欣赏凌乱美

在家里，学会欣赏凌乱的美，暂时放弃保持家里整洁的念头。

为孩子找块活动场地

为孩子开辟一块安全的活动场地，其中没有贵重和易碎的物品，墙、地面和家具也很容易清洗。这样您既可以不必为孩子的安全担心，又可以节省很多精力。

79. 积极与学校配合

积极肯定地谈论学校

在孩子幼小的心里，学校是什么，对他只是一片空白，父母对学校的态度与看法决定着孩子对学校的印象。如果你对孩子说：“上学时，作文是我最头疼的。”那么，你正在孩子的心田里播撒下他今后对作文课恐惧的种子。如果你对孩子说：“星期天是最令人快乐的日子。”那么，孩子在学校很多时间里可能不时地在自己脑海里期盼着星期天的到来，并在心里盘算星期天玩些啥。因此，作为父母，当你在孩子面前谈论学校的时候，一定要刻意留心其对孩子产生的影响，努力以积极肯定、满腔热情的态度谈论学校。你可以对孩子说：“学校是一个丰富多彩的世界。”“学习是一种充满乐趣的活动，啊，星期一又到了！我们又可以回到自己学习和工作中去了。”当父母对学校及学习表现出肯定和好感时，能自然而然地促使孩子从直观上对学习产生渴望，孩子当然会喜欢学校、热爱并努力学习。

与老师建立良好关系

认识一下孩子的每一位老师，也让他们认识了解你，有可能就与他们建立紧密联系或朋友关系，这样有利于共同做好孩子的教育工作。到学校接送孩子时，可以有意走到教室门前，与老师热情地打个招呼，说上几句诚挚的谢语：“谢谢您对我孩子的教育。”“多谢您的专心指导，孩子终于会写日记了。”在一些特别的日子，你还可以亲自看望一下老师，拉近家长与老师的距离，建立良好关系和亲近感。家里或孩子有什么重大事情发生，可能或已经影响了孩子学习，应及时向老师讲明，让老师把握孩子心理，针对性地进行教育。对老师的家访持热情慎重态度。老师告诉你孩子存在的问题，应征求老师意见，配合做好工作，切不可反感不悦。积极主动参加家长会，按老师意见和要求做好有关工作，完成相应任务，做一个老师满意的家长。

积极参加学校组织的公开活动

学校开展的“学校展览”“公开课活动”“评教活动”等公开活动是了解孩子学校、认识孩子老师、了解孩子在校表现的好机会。作为父母，应尽可能参加，并以较高的热情和兴趣投入其中。当你以积极的态度参加一次学校组织的公开活动之时，你正在向孩子传递一个信号：学校对你也是重要的，你对学校十分重视说明你对孩子学习十分关注，孩子自然会更加勤奋。

建立定期汇报制度

给孩子制定定期汇报制度，就是要求孩子定期（一周或一个月）汇报一次在学校各方面表现，培养孩子经常总结、反省自己的习惯和实事求是的品德，也有利于家长全面掌握孩子在校各方面表现，从而有针对性地配合学校教育孩子。

建立家务劳动考核簿

考核内容主要是：劳动项目和所花费的时间。每天由孩子自己记载，由爸爸、妈妈签字，每个月由孩子带去交班主任审阅、签字。此法可克服孩子在学校在老师面前爱劳动而回到家里不爱劳动的缺点，有助于养成孩子人前人后、家里学校一个样的好品质。待孩子纠正了缺点，好的行为成了习惯，可取消此考核簿。

80. 与老师得体沟通

确立主题，不枝不蔓

与老师交谈要事先约好时间、地点和谈话主题，即谈什么，解决什么问题，不能在交谈中信马由缰。曾有这样一个家长，见到老师后一会儿说“这个孩子愁死人，贪玩得要命，就是不肯学习。”一会儿又说：“这孩子爱忘事，老师布置的事情回家就忘得一干二净。”过一会儿又谈起了学校的午餐的问题。谈话进行了半个小时，教师也没弄清这个家长此次校访的目的是什么。显然这个家长没有掌握交谈的要领，可能他也是有目的而来的，只是没抓住主题，话题散漫，语言拖沓烦冗，结果无功而返。如果家长能够就一个突出问题与老师深入地探讨，把细枝末节话题甩到一边，效果就不一样了。

实事求是，不折不扣

家长“护短”在交谈过程中是一个致命的弱点，这种不和谐音会直接破坏谈话气氛。某校召开家长会，班主任教师在与陈某同学的母亲单独交谈时说：“陈某同学成绩还是不错的，只是有个小毛病，如果不及时改掉，长大后养成习惯就不好了。”陈某的母亲问是什么毛病，老师委婉地说：“教室里没人时他从别的同学书包里拿东西。”这个母亲一听就激动了：“这不可能，我儿子从小就很懂事，愿意帮我们干家务活……”老师这样说，肯定是有一定根据的，家长如果认真听下去，可能会有助于澄清事实。可是这个家长不能正确面对事实，反而一味夸大孩子的优点，就使谈话陷入了僵局。

谈吐文雅，不粗不俗

一个家长偶尔见到了孩子的班主任，就随随便便与老师谈开了：“我家那个小兔崽子整天就只认玩，再不好好学，我就不让那个混蛋来上学了。”班主任是个年轻的女老师，听了这些话心里很不是滋味，于是找个借口中断了谈话。

平等交谈，不矜不伐

有的家长盛气凌人，不把教师放在眼里，摆出居高临下的姿态，使交谈不能在平等的条件下进行。一位家长在与教师谈话时这样讲：“既然我们把孩子送到了学校，你们就应该负起全方位的责任，培养出优秀的学生……”他的话语完全是居高临下的口气，使老师难以接受。另一位家长颇为谦虚，交谈中他始终站在与老师平等的位置上：“陈老师，作为一个普通的学生家长，看到孩子各方面取得了进步，我真的很感激，这是你们辛辛苦苦付出劳动的结果。”

无关话题，不究不问

家长与教师交谈应该尽量围绕孩子这个中心展开，谈学习成绩，谈学习方法，谈组织纪律，谈劳动卫生。可是有的家长与老师接触的次数一多，便以为可以无话不谈，想说什么就说什么，想问什么就问什么，既耽误了教师的时间，又降低了谈话的效率，有时触及的话题还会令老师不好回答，陷入窘境。比如有个家长在与中年女老师谈话时忽然问道：“老师，你家的小孩子多大了？”女老师的脸一下红了，因为她至今还没有结婚成家。另一个在外资企业工作的家长不知不觉地与老师谈起了收入问题，她问老师：“您每个月有多少收入？”老师不太情愿地回答：“没多少。”家长的本意是扯扯闲话，套套近乎，没想到这些话反而拉开了与对方的距离。

81. 打造高品质家庭

让家庭充满积极的生活情感

高品质家庭中的父母具有乐观的生活态度和坚定的人生信念，面对任何困难都能泰然处之，他们互相支持、激励，对孩子从不流露悲观沮丧之态，相反，他们总是满怀激情。对孩子来说，家庭是自己遮风挡雨的安全港湾。父母是无与伦比的保护神和引路人。因而，孩子在学校生活中就会表现出一种积极向上的精神面貌，为学习的成功提供良好的条件。

经常赋予孩子“高期望”

教育家洛克把未受教育的孩子以“白板”喻之，认为儿童具有强烈的可塑造性。高品质家庭中的父母相信自己的孩子肯定与众不同，因而不断地引导，鼓励他，寄厚望于他。当孩子在学习上或其他方面取得成绩时，哪怕是微不足道的成绩，父母都会由衷地赞赏他，同时又以杰出人物的成长历程勉励他，推动孩子迈上更高的台阶。在高品质家庭里，没有埋怨、讽刺，也不会因为孩子进步不显著而指责其愚笨。这种家庭的孩子明白：渴望在学习上的成功是顺乎情理的。他们很容易把父母和那些杰出人物作为自己的榜样。

家庭集体具有美好的理想

高品质家庭中的父母为每位子女描绘出一幅奋斗和成功的灿烂图景。他们把丰厚的物质生活、充实的精神生活以及对社会的积极贡献互相结合在一起，并着手拟订实现理想的计划。尤为重要的是，父母和孩子谈论的话题更多在于今天和明天的具体计划，他们力图使孩子明白“万丈高楼平地起”，理想的实现取决于今天的学习。

灌输天才来自勤奋的观点

高品质家庭中的父母告诫孩子，成功在很大程度上是努力奋斗的结果。他们用自己或周围一些人的事实说明，对个人前途至关重要的不是命运、遗传或漂亮的容貌，而是脚踏实地地学习。他们用自身的行为对这个观点进行了强有力的论证，孩子们便也会自然地接受了此种观点，并落实在学校生活中。

每星期都安排一些集中活动时间

高品质家庭中父母是具有广泛兴趣和爱好的，他们每星期都会抽出部分时间和孩子一起活动，包括学习功课、玩游戏、做家务、参加体育活动以及郊游等。这时候，父母成为孩子们的伙伴，家庭成员无拘无束。如此和谐的家庭氛围使孩子身心愉悦，并加深对学习和生活的认识。有意义的家庭集体活动的乐趣将内化在孩子们的头脑中，从而“释放”到学校生活中，给学习注入热情。

让家庭成为一个互敬互助的团体和系统

在高品质家庭中，每位孩子都承担一些与年龄相适的家务活，有时让年长的孩子负责指导年幼的孩子。在系统内部，父母并不把孩子当作“小皇帝”，每个成员都有一份权利和义务，都有一份分工，他们不觉得这很令人讨厌。相反，大家体会到：自己在家庭中不可或缺，个人能为整个家作点贡献，这是最自豪的事情。

具有积极丰富而非久坐不动的生活方式

在高品质家庭中，家长鼓励孩子从小就接触学校和社会，鼓励孩子同那些对学习和生活具有同样兴趣的孩子交往，并参加有益于身心发展的集体生活，父母常常也加入孩子的活动。这样，孩子便不会孤寂和因此而产生懒惰。这种生活方式无疑会对孩子的学习和成长产生积极的作用。

具有可行的简明家庭规范

高品质家庭的家长把社会普遍的道德和自己的经验上升到一种约定俗成的家庭规范，并带头遵守。在有争议或冲突的时候，以此作为衡量尺度。他们常常让孩子扮演法官或公证人。问题的解决将在公平和充满爱心的氛围中实现。在这里，没有绝对服从或强制性胁迫，家庭用更多的精力做有价值的事，孩子们体验到无论做什么都要对自己和别人负责。

经常与教师保持联系

高品质家庭的父母主动与教师进行合作，经常向老师请教如何配合学校顺利完成自己孩子的学业。在这个问题上，不存在家长认为应这样做而老师则持相反意见的情况，他们会协调一致。因而，孩子把父母和老师看成是支持和帮助自己在学习上成功的统一力量，都是不可缺少的。

82. 引导孩子面向未来

把未来世界童稚化

当孩子刚刚会听故事的时候，就要给他选择和讲述一些富于未来色彩的故事；当孩子会玩玩具的时候，既让他玩一些“自然世界”中的玩具，诸如猪、狗、兔、猫之类的玩具，更让孩子玩一些“科幻世界”中的玩具，诸如富于想象或幻想成分的玩具等。不要小瞧玩具的启蒙功能，其中潜藏着启动孩子智力思维和理想追求的无限魅力。

把未来境界家庭化

孩子们最初的天地是家庭，但家庭应该隐含着未来社会的文化气息、文化缩影和文化环境。随着孩子年龄的增长，可以顺应他们的喜好和阅读能力，给他们选购一些科技人物、科普知识方面的“小人书”；订阅一些科普科幻报刊，对那些喜欢看武侠小说或武侠影视剧的孩子，不妨用科普和科幻作品来吸引他们，把孩子们从怪诞世界中召唤到知识迷宫中来。

把未来理想形象化

成人们教给或交给孩子们的一桩桩不经意的事物，尤其是物化的看得见摸得着的又能刺激孩子的好奇心的事物，可能会影响孩子一生的事业道路。爱因斯坦不止一次说过，他 5 岁时看到的父亲给他的一只罗盘，成了促使他向往和追求科学的精神种子。“未来”色彩浓重的玩具、工具、用具和器具，父母们可以看似不经心，实则有意识地同孩子们一起玩耍，一起探究，确能触发和引发孩子的想象力创造力。而这正是走向未来的一种最需要的精神诱发。

把未来图景社会化

利用一切可以利用的社会条件，把凡能开阔孩子精神视野和智慧视野的精神和物品，最大限度地引领到孩子的视觉范围和脑觉范围中来，孩子进入学龄期之后，要在节假日带着孩子去参观适合孩子特点的富于当代气息和未来意境的展销会、博览会、博物馆、美术馆，即使孩子今后不从事美术事业，多让孩子看看那些包罗万象又能触发奇思异想的美术世界，也会收到奇功异效。著名翻译家傅雷虽然对其长子傅聪自幼着重培养和激发其音乐才能，但他同时亦特别注重孩子的美术修养，在其家书中，提醒和催促傅聪参观美术馆的文字，几乎处处可见。没有什么艺术比美术更能形象地贯古今、通未来的了。此外，还要善于随时与孩子设想和讨论社会各个侧面的未来情景，鼓励孩子们把向往未来与改造社会联系起来，激发他们的志向、力量和智能。

把“未来自我”人格化

说白了，就是父母给予孩子们的知识形象、思维形象和道德形象，应该是发展型而不是停滞型，应该是“未来型”而不是古典型的。父母自身的、相互的、与人交往的以及同孩子之间的所言所语、所吞所吐、所求所为，乃至所娱所乐，都要使孩子感受到一种直接的、亲切的、温馨的“未来气息”。父母要以自身不懈的奋斗和追求，以自己奔腾不息的动态和执着超前的状态，来培养孩子的领先意识和超前意识，使他们从父辈母辈那里获得一种顽强的信念：做人，就要做一个走在时代前列的人。

把未来品质理性化

孩子由少年进入青年，其思维跨入由简入繁的阶段，父母们给予孩子的未来形象的影响，其理性色彩应愈益浓重。感性的未来形象，只能借表象发生局部感应，因为任何父母不能同时地既是科学家，又是文学家或是哲学家等；而只有将未来形象品质化、理性化，才能真正解决本质问题。父母要在感性教育阶段就植入和培养孩子的未来精神素质，比如，对信息的过滤力和吸收力，对知识的吞吐力和消化力，在奋斗历程中的自信力和自为力，等等。要悉心体察、关心、发现、扶植和推动这些“力”的萌动、发育和成熟，父母若是配合学校、配合社会，把这些方面想到了，做到了，做好了，将能发现孩子们面向未来的炯炯目光。

83. 培养全面发展

同孩子谈论新闻时事

每天的新闻节目为父母与孩子谈论提供了大量话题、事实。孩子只有充分了解某一信息的价值和意义时，才知道如何思考，如何发表自己的感想，如何对某一事情作出正确反应。当父母与孩子谈论某一新闻时，就是在塑造他们学习以及与学校教育密切相关的个人行为模式：将学校课程的学习与现实生活的要求恰当地联系起来；对周围的世界充满好奇；重视父母谈的观点和知识；化解孩子对时事的疑惑或恐惧；培养孩子认识问题、分析问题和解决问题的能力。总之与孩子谈论当日新闻时事，入题自然，益处多多。

同孩子一起观看演出

选择你和孩子共同感兴趣的演出形式，如电影、专门为儿童准备的戏剧或音乐会等。不要在节目开始之前过多地告诉大致线索，不要讲解整个故事的经过。看到精彩动人处引导孩子热烈鼓掌。观看结束，向孩子提一些具体、富有启发性的问题。认真听取孩子的评论，主动说出你的观点和想法。可以互相讨论。对演出尽可能予以正面的、积极的肯定，以激发孩子那颗充满好奇的心灵。同孩子一起看演出并与之讨论，能丰富孩子的生活知识和人生经验，是对学校教育成果的加强和补充。

为孩子买地图

从孩子上幼儿园开始，将中国和世界地图贴在他能看到的地方，并随着年龄和身高的增长不断向上移动地图位置。指导孩子从所在地地名、位置入手，逐步感性地接触地图，在中国地图上找自己所在的省，在世界地图上找中国，然后让孩子在中国地图上指出中央电视台天气预报播出的全国省会城市和其他城市的位置，讲自己到过的城市的风土人情等，让他指出城市在地图的位置，生活中接触到的地名、国名均可及时讲解。让孩子熟悉地图，鼓励孩子了解地图上城市的特点等。挂地图，随时认识，可增加孩子对地理知识以及历史知识的兴趣，扩大知识面，培养孩子的爱国情感和自信心。

为孩子写成长日记

孩子出生时，专门买一本日记本，扉页上写上“×××成长日记”。内容可非常广泛，既可记录孩子的衣食住行，又可反映孩子的喜怒哀乐，还可发表孩子的“美术”“书法”“诗文”作品，也可记录父母的教子过程，以及对孩子的祝福、希望。儿童的妙言稚语、趣事、大事等均可记入。为孩子写成长日记既能促使家长更好地认识观察了解孩子，帮助家长理清教育思路，总结经验教训，又能为孩子弥补幼年时代不能记事的遗憾，让他熟悉自己的幼年生活。到了孩子具有写日记的能力时，便让他自己续写自己的成长日记。父母写成长日记，能有效激起孩子写日记的兴趣。

帮助孩子找一个义务劳动机会

义务劳动与有偿工作一样，可以让孩子学到很多东西；进行一种可能的职业选择，如在一家医院、商场等；学会如何与他人在一起工作，接受他人指导；成为专门替人解决问题的团队中的一员；懂得我们的文化与社会发展的情形；以一种不用考试、讲求实际的方式获得新的技能和知识。此外，义务劳动能激发孩子学会如何更好地帮助他人。义务劳动使孩子感到自己为公众或他人献出了无偿的劳动，从而具有一种特有的高尚之感。另一方面，孩子将感到自己上学也是接受公众给予的一种帮助。在义务劳动中，孩子的观念、体力和一些特殊才能将以一种奇特并带有创造性的方式发挥出来。父母义务劳动、清扫马路、为孤寡老人做好事、义务修理、捐献钱物等都可有意带上孩子，使他们学习在学校学不到的知识。

让孩子学习安装和修理

让孩子帮助你安装，在安装新的器件和修理旧的器件过程中所学的技能几乎是相同的。这些技能都与阅读、数学、逻辑、信息和活动的组织能力有关。修理或重新制作古老家具、旧玩具、工具和其他东西时，孩子可能问："这个怎么用？这为什么是如此制作的？这为什么与今天所做或生产的不同？"鼓励孩子阅读他们正在修理的东西的原有说明书。这将促进孩子的阅读和研究技能的发展，增强孩子的历史文化知识，培养孩子的记忆力。当孩子将旧的东西一件件拆开时，他必须逐一记住各部分的结构和组合。当面对一个复杂的东西时，这对孩子的记忆力更是一种考验。在许多情况下，某一旧物丢失了一个零件或部位，可以让孩子自己再制作一个而不必去购买。数学和设计原理以及测量有关的知识将会用到。你可以将自己的一些生活技巧教给孩子，并在劳动中讨论所运用到的物理学基本原理。

帮孩子找一份暑期工作

对一个十几岁的孩子来说，他所能从事的工作的报酬一定很低。大多数孩子会即刻认识到：他们生命的大部分时间可不能只挣得这么一点收入。学校的学习是帮助孩子积累知识与能力，以便在将来获得更高收入的最好方式，因此课余或暑假的工作对保证孩子在校学习、意识到学习的重要价值具有很大的促进作用。此外，一份暑假或课余的工作还可以帮助孩子发现在校所学知识与工作中所需要的东西有着直接的关系，对钱的价值有更深的了解，还能培养纪律性等。

鼓励孩子参与竞争活动

孩子们在有人引导的竞争性活动中可以学到很多东西。那些既讲求集体荣誉，又允许个人通过竞争发挥个体努力的活动主要包括大多数球类运动，如足球、手球、篮球等；通过个人表现实现团队精神，如网球、游泳等；集体演讲；其他活动。上述每一种活动，个人都是作为集体的一员参与竞争，他将得到其他成员的感情支持，并因自己在集体中的杰出表现而受到他人的欢呼与称赞。在这样的竞争活动中，孩子们可以学会如何对待胜败，如何支持团队中的其他伙伴，如何在团队中发挥自己的作用。他们在最大的成功机会中培养了个人的信心，提高了技能。个人竞争、单独演讲、个人比赛项目等，对孩子也极有益处。可以培养孩子多方面能力，发挥潜力。父母应指导孩子正确面对成功与失败，让孩子懂得人生充满成功与失败，谁也不会一帆风顺地度过一生。

让孩子养成写日记的习惯

一个儿童如果每天记日记，决不会记下：“今天把纸屑塞进了一个邮筒，划破了 3 辆车胎，和小虎打架，从妈妈包里偷了 10 元钱。”差不多绝大部分儿童都很难如此面对自己。记日记是一个人回想自己的行为、思考自己的优劣、反省自己的功过最秘密、最坦诚、最安全、最及时的方法。如果做了什么坏事、错事，与其由成人来责备，不如叫他把自己所做的事记下来，写到日记上来更有效。如果这个小孩子恶习不改，只要叫他每天翻看、细读日记多遍，再顽固的儿童也会幡然悔悟。记日记除了这种自我反省、自我教育、自我约束、自我发展的功能外，还可以成为读书心得、备忘录、心路的记录，朋友往来的回忆录，锻炼写作的练习本、提高观察、思考分析问题能力的练兵场，记日记有利于发展儿童的兴趣、形成儿童的独立人格。可以说，父母教育儿女，帮他们养成记日记的良好习惯，具有非常多的益处。

让孩子洗碗

孩子到了小学二三年级，可以训练他洗碗，为了适应孩子的特点，可先让孩子只洗碗、筷，然后慢慢学洗大盘、锅。还应在地上垫些东西，让孩子够得着案板，将筷子放在案板上的器具中。让孩子洗碗的好处是多方面的。一是能培养孩子爱劳动的品质。长期坚持洗碗能帮助孩子养成不怕脏、不怕累、爱劳动的好习惯，锻炼做事的毅力和恒心。二是能开发孩子的智慧，“儿童的智慧在他们的手指尖上”，洗碗对孩子来说需要注意力高度集中，需要双手密切协调配合。三是长期洗碗能克服独生子女的娇气。独生子女往往饭来张口、衣来伸手、唯我独尊，让他们洗碗有利于克服他们的娇气，培养生活自理能力。四是能培养孩子孝敬、体贴父母的思想。洗碗让孩子体会到体力劳动的滋味，增加对父母的理解和尊重，从小养成分担父母劳动的思想和习惯，就是在他们心里播下了孝敬老人的种子，长大了他们自然会孝敬父母。

培养估算能力

在日常生活中，没有测量工具的情况下，往往需要知道某种制品的大概数据，这就只能靠估算。从小训练孩子的估算能力是必要的。数学计算小数部分要求精确的计算，要求符合逻辑思维。但数学在日常生活中的应用并不需要十分精确，往往只需估算。父母可以抓住生活中的许多机会，让孩子估算，培养其必要的估算能力。比如买食品时，让孩子大概算一算要用多少钱，或应找回多少钱；房间的长、宽大概有多少；自己或父母大概有多重；一袋苹果大概有几斤等。父母应该教孩子利用身上的“工具”，如手、脚、眼等来自测。

为孩子好的表现插红旗

把孩子从早到晚的每一项表现制成一个表格。包括:起床、刷牙、洗脸、洗手、学习用具使用、作业情况、打扫自己房间、收拾玩具、整理书包等。哪一项表现好，就在哪一次上插上小红旗，一个礼拜总评一次，表现好就奖励一次。这样，可帮助孩子养成一系列好的习惯。

让电视机“坏一下”

如果你的孩子天天沉湎于看电视，对学习和其他活动不感兴趣，也不出门同小朋友们玩，你怎么训斥、批评都无效，这时，你可以让电视机“坏一下”（切断电源、天线接头、闭路线接头等），停一周或更长一段时间，一直到孩子断了电视“瘾”，转移了注意力，养成了新的良好习惯为止。

巧教故事篇

巧教育名人
名人重巧教
用心妙招多

巧教育名人

1. 果断为儿子转学

马克思 17 岁的时候进入波恩大学学习。他刚入学时学习勤奋，但参加了一个青年诗人的团体后，受到了大学生浪漫主义思潮的影响。一次夜间醉酒喧闹，他被学校罚了一天禁闭，不久，他又与一个贵族子弟决斗。当这些情况传到父亲亨利希·马克思的耳朵里后，老人深感不安。

亨利希是特利尔市律师界的首脑，学识渊博。他严肃地提醒儿子："要知道，一个人除了纯洁的良心外，健康就是他最大的财富，而青年时代的不良行为，漫无节制的或者本身完全有害的享乐，会可怕地进行报复的。"他严厉地指出："难道决斗也与哲学密切相关吗？你得设法不让这种爱好——即使不是爱好也是欲望，在你的心里扎下根。否则，终究会使你自己和你父母的最美好的愿望遭到毁灭。"出于对儿子前途的考虑，亨利希果断将儿子转学到柏林，变换了马克思的生活和学习环境，从而为他的学习创造了更有利的条件。

由于远离燕妮，马克思在柏林大学学习时，常用诗歌来抒发自己的感情和心声。亨利希理解儿子，但是也耐心地劝导儿子"抑制住这些激动情绪"，"只有用模范的品行，用能使你赢得人们好感和同情的大丈夫式的坚定的努力，才能提高她在别人和自己心目中的地位"。

在父亲的谆谆教诲下，年轻的马克思养成了良好的思想品格和行为，选择了最能为人类谋福利而劳动的职业，为后来创立马克思主义理论并献身于共产主义事业打下了坚定的思想基础。

处在心理上"断乳期"的年轻人，具有按照自己意志办事的强烈要求，作为父母，应该努力了解子女的思想脉搏，帮助他们“渡过难关”。马克思一生，对父亲有着崇高的敬意，他把父亲的一张相片始终带在身边。

2. 呵护独立思考能力

列宁的母亲玛丽娅·亚历山大罗芙娜·乌里扬诺娃十分重视和关心列宁的成长，注重把孩子培养成有抱负、有理想和有独立见解的人。

一次，列宁全家乘轮船到喀山农村的一个亲戚家里度假。列宁高兴得在轮船上大喊大叫，母亲要他不要高声喧哗，列宁辩解说："妈妈，可是轮船自己也在大喊大叫啊！"尽管孩子的辩解幼稚可笑，但妈妈却高兴地点头称是。她认为，孩子的独立思考能力要好好爱护，那是一个人成功的基本条件。

列宁的母亲是一名医生的女儿，列宁从 5 岁开始，母亲便要他学习外语。方法是：让列宁第一天和她说俄语，第二天说法语，第三天说德语。列宁对外语有着浓厚的兴趣，读中学时，便精通了几国语言。后来他靠自学懂得了十多种外国语言。

在父母优秀品质和丰富知识的熏陶下，列宁逐步成长为一个伟大的人物。苏联教育家马卡连柯指出："父母对自己的要求，父母对自己家庭的尊敬，父母对自己一举一动的检点，这是首要的和基本的教育方法。"一切希望孩子成才的父母，都应该以身作则，从自己做起，努力完善自己的人格，丰富自己的知识，为孩子树立好榜样。

3. 砍断织好的布

孟子小时候，一次提前从学堂溜回家，孟母正在织布，见孟子回来这么早就问他：“学堂放学了吗？”孟子说：“我自己提前回来的。”孟母一听，噌地站起来，拿来一把刀一下子把刚织好的布砍断了。孟子一见非常恐惧。孟母表情严肃地对他说：“你没上完课就回家，就像我砍断辛辛苦苦织的布一样。织布半途而废，整个布就成了废品；学习只有勤奋刻苦、持之以恒，才能成功，像你这样学了一半就提前回家怎么能搞好学习呢？”孟子听了受到巨大震动，从此开始日夜勤学不止，终于成为天下名儒。

4. 三迁居所择宜境

孟子是战国时的思想家政治家和教育家，山东邹县人。孟子三岁的时候，父亲就去世了。

起先，他家住在离坟地不远的地方。孟子小时候很淘气，看见人家出殡，他认为好玩，跟着去看热闹。他的母亲看见儿子这样贪玩，很为儿子的前程忧虑。她想，搬了家，儿子也许不贪玩了。

于是，她把家迁到了一个集市的旁边。谁知不久，孟子又跑到集市上玩去了，常常玩到天黑还不回家。母亲劝说了多回，孟子都把她的话当作耳边风，每天吃过饭就往集市上跑。

孟子的母亲没有办法，只得又一次搬了家。这一次，她吸取了前两次的教训，把家搬到了学堂的附近。每天，学堂里琅琅的读书声传到孟子的耳朵里，他好奇地跑去偷偷地看。他发现先生在学堂里给学生讲些自己不知道的事情，觉得特别有趣。孟子非常羡慕他们。

不久，孟子的母亲惊奇地发现儿子的举动文明了，对大人也有礼貌了。她认为这次搬家是搬对了。

5. 包容孩子的“谎言”

达尔文小时候是个爱说谎话的孩子。有时他宣称自己收集到的几块化石是价值连城的奇珍；有时向同学炫耀，他发明了一种“秘密液体”，可以改变花的颜色；有时他神秘地告诉姐姐，自己有一块罗马造的硬币；有时他把一棵苹果树上的果子全部摘光，然后又一本正经地去报告父亲，说自己发现了被盗苹果的贮藏地点。

听着弟弟嘴里的一串串谎言，姐姐十分反感，再三提醒父亲要严格管教弟弟。老达尔文听说以后，没有闻之即“火”，也没有厉声呵斥和狠狠责骂，更没有动手惩罚。他了解孩子的兴趣和爱好。他认为如果那样做，只会伤害孩子。

达尔文的母亲很早去世。达尔文从小就喜欢风干了的植物和死了的昆虫，还喜欢硬币、图章、贝壳和化石等。为了发展儿子的兴趣和爱好，老达尔文把花园里的一间棚子交给儿子做化学实验，支持儿子到威尔士海岸去观察和采集海生动植物标本。现在，他更觉得儿子的“谎言”不同寻常，那普通的“外壳”里，包含着一种闪光的智力之“核”——想象力。他以赞赏的态度预言：有一天儿子可能会把这种才能用到正事上去。

正是由于父亲的支持和鼓励，达尔文进一步发展了自己的想象力，并且使这种才能在后来的科学研究中发挥了特有的作用。他的名作《物种起源》，提出了以自然选择为基础的生物进化学说，震动了学术界，为进化论奠定了基础，与细胞学说、能量守恒定律和转换定律一起，被恩格斯称为19世纪自然科学的三大发现。

生活中的一切具体问题都需要具体分析。对于孩子的谎言，父母不应一概排斥。其中一些谎言，只是儿童一种不切实际的想象，并不完全反映他的道德品质。父母应该善于区分，从谎言的外壳里提炼出可贵的智力之核，并将其引导到正事上去。

6. 拿罗盘给孩子当玩具

“你的儿子将是一事无成的！”物理巨星爱因斯坦上小学时，校训导主任曾经这样向他的父亲断言。

确实，爱因斯坦小时并不显得聪明。这个出身于德国犹太人家庭的孩子，4 岁多还不会说话，人们都怀疑他是低能儿和傻子。上学以后，成绩平平。但是，担任电机工程师的父亲并没有对儿子失去信心。

一次，爱因斯坦生病，父亲特意拿来一个罗盘给他当玩具。圆圆的罗盘，中央有一根针，那针轻轻地抖动着，指向固定的方向。

爱因斯坦爱不释手地捧着这个新玩具，试着把罗盘转了一个方向，可是，那根针仍旧指向老地方。一种好奇心，在爱因斯坦的头脑中闪现出来，他把罗盘捧在胸前，猛然把身体扭过来，再扭过去，可是，那根针就像赌气似的一直指向固定的方向。

小爱因斯坦被这种神秘的罗盘完全迷住了，他瞪大眼睛打量着针的四周，寻找拉住小针的神奇力量。究竟是什么东西拉着小针指向固定的方向呢？

一个小小的罗盘，唤起了这位未来科学家的好奇心，把他的思想引向了一片崭新的天地。爱因斯坦还玩过父亲给他买的其他玩具。他喜欢在角落里玩积木，喜欢用卡片搭房子，一直搭到 14 层。玩累了，他便坐在一旁听母亲弹奏贝多芬的音乐。这一切，使他的好奇心越来越强烈。恰恰是这种好奇心的驱使，爱因斯坦踏上了科学的漫漫征途，在未来的岁月中创立了狭义相对论、广义相对论，发展了量子论，为原子能的利用奠定了理论基础，成为最伟大的物理学家。

“玩具是儿童的天使”，爱因斯坦的父亲一定懂得这一点。

7. 把家搬到工厂附近

查理·巴克拉是一家化学原料厂的工作人员，他从教师的来信中获知儿子查尔斯·巴克拉对理化有兴趣，为了让儿子直接接触到化学世界的种种奇妙变化，他干脆把全家搬到化工厂附近居住。这家规模宏大的化学原料厂有一座设备齐全、人才济济的理化实验室。巴克拉父亲想了办法，使儿子有机会经常进这个实验室观看、打杂、跑腿。查尔斯·巴克拉日后从事 X 射线和物质间相互作用的研究，荣获了 1917 年诺贝尔物理学奖。

8. 亲自承担教子任务

爱迪生上学后，喜欢向老师提一些怪问题，如“二加二为什么等于四”，常常使老师大为恼火，不是开口训，就是用教鞭打。爱迪生心想：“哪有这样教人的，比起母亲差远啦！”心里不痛快，学习就搞不好，考试成绩总是排在末尾。爱迪生的母亲南希领着儿子去找老师，发现那位老师根本不理解孩子的心。她便下决心让儿子休学回家，由自己承担起教育孩子的任务。

母亲认为孩子好提问题，是求知欲强烈的表现，只要细心解答并反问孩子一些问题，就更有助于孩子思维的发展。春天，树木抽出嫩芽，娘儿俩坐在屋前，边晒太阳边上课；夏天的夜晚，母子俩一面乘凉，母亲一面给儿子讲罗马帝国的盛衰，讲英国的历史演变；入秋后，河蛙呱呱乱叫时，母亲又教导孩子读《鲁滨逊漂流记》《悲惨世界》等文学作品；冬天，西北风打着呼哨，天上飞起鹅毛大雪时，母子二人待在屋里烤火，在化学和物理上用心思。母亲发现儿子对物理化学很感兴趣，就特地上街给儿子买了本《派克科学读本》，作为孩子学习的重要教材，这使爱迪生对物理化学实验越加感兴趣了。

有的人对孩子某些异想天开、近乎顽皮的问题随便加以否定。爱迪生的母亲从不那样，她总是耐心地帮孩子找出答案，鼓励儿子继续前进。有一回，爱迪生看了气球飞升原理，他就让朋友奥池喝了一包“沸腾散”。心想沸腾就会冒气，有了气人就能升起来了。可是奥池喝了后肚子疼得险些出了事故。南希知道后，马上送奥池到医院救治，并向其父母赔礼道歉，事后她帮儿子搞清楚不能这么做的原因。又有一次，爱迪生因在火车上做实验引起火灾，差点闯下大祸。南希很忧虑，但她并不因此阻止孩子再做实验，而是劝丈夫把家里的小阁楼腾出来给儿子搞实验。

功夫不负慈母心。爱迪生在母亲的教育、支持和帮助下，刻苦学习，奋发向上，终于做出了许多惊人的发明，给人类留下了许多丰硕的科学成就，加快了世界文明发展的进程。

9. 发现孩子的“敏感区”

在科学史上有一位可以与牛顿齐名、与爱因斯坦相提并论的科学家，这就是十九世纪英国著名的数学家物理学家麦克斯韦。但麦克斯韦之所以能在科学上作出伟大的贡献，首先还得归功于他的父亲。因为是他的父亲第一个发现了他的思维“敏感区”——数学。

在麦克斯韦很小的时候，有一次父亲叫他画静物写生，对象是插满秋菊的花瓶。等到麦克斯韦画完交卷时，父亲边看边笑了起来，因为满纸涂的都是几何图形：花瓶是梯形，菊花成了大大小小的圆圈，还有一些奇奇怪怪的三角形，大概是表示叶子的。细心的父亲立刻发现小麦克斯韦对数学有浓厚的兴趣，特别敏感，以至在他的眼中，许多事物的形象都似乎变成了几何图形。于是父亲就此开始教他几何，后来他展现出惊人的才华，中学时写下的数学论文就发表在《爱丁堡皇家学会学报》上，使得教授们惊叹不已。

凡是发育正常的孩子，大多在五六岁时就开始对某一方面表现出一种特殊的敏感和强烈的好奇。倘若做父母的能像麦克斯韦的父亲那样，迅速及时地捕捉住孩子的思维“敏感区”，顺势予以引导，就能为孩子成才打开通道。这是因为凡是孩子最敏感的也就是最有兴趣的，而兴趣则是孩子成才的启蒙老师。

10. 向孩子敞开“未来”

“神童”散落在各家各户，也许你不以为意；但一个家庭的孩子个个都成名成才，你能不思索一番?

南岳衡山北向支脉之一的晚霞山山麓，住着黎氏一家。黎松安夫妇共有 8 个儿子，后来个个成器、人人成才：老大黎锦熙，著述 400 余种，成为我国著名的语言文字学家和教育家；老二黎锦晖，曾与田汉等人从事进步文化事业，成为颇有名气的音乐家；老三黎锦耀，新中国成立前担任过《中华矿学杂志》主编，新中国成立后成为著名矿业家；老四黎锦纾，早年与朱德一道留学德国，后成为我国教育家和出版家；老五黎锦炯， 20 世纪 30 年代曾与其他专家一道建成我国北方第一座大型铁路大桥——滦河铁桥，是我国著名桥梁专家；老六黎锦明，他所创作的作品曾得到鲁迅的高度评价，是我国现代文学家；老七黎锦光，早年就为电影《西厢记》和《红楼梦》创作过插曲，并为“金嗓子”周璇写过一些流行歌曲，是一位勤奋而且多产的音乐家；老八黎锦杨写过多部小说，有的被美国好莱坞公司和百老汇歌剧院改编成电影和舞台剧，是著名的华裔美籍作家。这兄弟 8 人的父亲黎松安，是晚清的一位秀才，他与自己的妻子一道，用了什么“秘诀”培养了自己优秀的儿辈呢?

按照当时的习俗，有读书条件的孩子们，无非是让他们读四书五经之类，以效先哲古贤，那是一种朝后回顾，向古人求知的育儿之道。而黎松安夫妇，是让孩子们既学古人，更学今人，学那些处于先进层次的知识，这是一条向前看的育儿之道。黎松安从当时中日甲午战争中中国惨败的痛苦硝烟里，看到无论救国还是育人，都应学习当时西方先进的科学技术。于是，他辞官不做，借时代潮流之推力，决心用“新学”教育自己的子女。他自己动手创立了家庭学校——长塘杉溪学校，聘请了几位有秀才功名又能兼采“新学”的老师，开设中西合璧课程，在讲授中国古籍的同时，也讲授算学、格致、博物、音乐、美术等，这在当时，已经是很现代化、很“未来化”的课程了，这些课程，为孩子们日后的成长奠定了“超前”的基础。

黎松安夫妇的育儿之道，概括起来其实就是一句话：向孩子们敞开“未来”。

11. 十字路口　为子把关

伽利略是意大利著名的物理学家、天文学家，是中世纪欧洲的一颗明星。他在物理学方面的发现，打破了1700多年来人们对亚里士多德的迷信。可是，伽利略年轻时却曾一度想当修道士，科学的天才差一点被埋没在修道院里，是他的父亲在关键的时刻，帮助儿子选择了正确的道路，成就了他的一生。

为了让伽利略准备好进大学，这位父亲把儿子送到一所修道院的学校去学习。当时欧洲的教育、科学都是宗教的奴仆，许多学校都是附设在修道院的。伽利略在学校受到宗教氛围的熏陶，决定要当一个修道士，把一生都奉献给宗教。他的父亲坚决不同意伽利略这个决定。因为，他知道，儿子从小对任何事物都爱问一个为什么，具有进行科学研究的性格基础，而修道院的宗教教条却严重束缚人的思想，而且生活单调、枯燥、令人窒息，不适宜儿子的成长。父亲巧妙地找了一个借口，说伽利略一只眼睛有病，不能看书，把儿子带回了自己的家中。后来，经过耐心劝说，伽利略接受了父亲的忠告，改变了想当修道士的念头，最后终于走上了科学研究的道路。

年轻人阅历有限，又常常容易感情冲动，在人生的十字路口，往往会作出不切实际的选择和判断。在这种时刻，经验丰富、冷静、理智的长辈的指导、劝说和把关显得十分重要。伽利略的父亲替子把关体现了他对儿子的了解、对宗教的真实认识、对科学的热爱和父亲的责任心，是对儿子负责，也是对社会负责的表现。

12. 讲述“挣扎而生”的往事

塞曼是位获得过诺贝尔物理学奖的荷兰科学家，然而这位科学家小时候却并无灵气，自觉性不高，成绩一直平平，考试常常不及格，对此，他自己也有些灰心。

一天，塞曼的母亲把儿子叫到面前，盯着他的眼睛，神情激动地说：“儿啊，早知道你是个平庸无为的人，我当初真不该在波涛中挣扎……”接着，她向默默呆立的塞曼讲起往事：在塞曼要降生的时候，家乡突然遭到洪水的袭击，她死里逃生，好不容易登上一只小船，塞曼就降生在这只船上。她望着滔滔洪水和刚刚降生的小生命，想起了荷兰人的一句古训：“我要挣扎，再挣扎，我要探出头来！”

听完妈妈的回忆，塞曼心灵受到强烈震撼，暗暗发誓要发奋攻读，绝不辜负妈妈的愿望。挣扎就是奋斗；挣扎，再挣扎，就是不满足于现状，永远拼搏。

塞曼把妈妈的话铭刻在心。他将嵌有母亲遗像的金制小镜框一直挂在胸前。遇到困难和挫折时，他便凝视着母亲的遗像，回想母亲的谆谆教诲，以增加自己克服困难的勇气。塞曼在科学的道路上“挣扎，再挣扎”，终于攀上了一般人难以企及的高峰，获得了1902年诺贝尔物理学奖。

13. 仅有的一点粮食送给他人

林则徐的父亲林宾日在教子读书的同时，十分重视家长的身教。他待人处世时时严格要求自己，为林则徐立下了做人的榜样。

有一次，乡里一个财主，出了很多钱，想让林宾日到他家去教书。这个财主有钱有势，平时横行霸道，专干欺侮老百姓的坏事。林宾日早就恨透这家伙了，尽管自己家里缺吃少穿，孩子们总是忍饥挨饿，但是他根本不打算踏进财主的门槛。

可是，林宾日对待穷苦的同乡和亲友，却是倾囊相助。家里人吃不饱肚子，他也要想方设法帮助别人。有一次，林宾日知道三哥家揭不开锅了，就决定把自己家

里仅有的一点粮食送给他们。当时林则徐还小，父亲把他拉到身边，嘱咐他说：“等一会你三伯父来借粮食，如果问起咱们家还有没有吃的，你可不能说没有啊！知道吧？救人要紧！”“我知道了。”林则徐点头答应着，他从父亲的行动中，受到了深刻的教育。

林则徐长大成人后，满怀深情地回忆起自己的父亲。他遵循父亲的教导，为国家为人民做了许多有益的事。在反击帝国主义对我国侵略的斗争中他挺身而出，展现了中华民族的英雄气概。

14. 不惜房产保护孩子对科学的兴趣

荷兰科学家海克·卡默林·昂尼斯，父母都是博学之士。他们让孩子把家里最高的阁楼辟作天文台和实验室，供给孩子使用。海克有一次做实验，不小心起了火。火借风势，霎时间就烧毁了半座楼。孩子知道闯下了大祸，吓得逃到野外，整夜未敢回家。这可急坏了双亲。他们四处寻找，直到次日凌晨，才把他从田野里找了回来。父亲一边心疼地拥抱他，一边亲切地对他说："孩子，别害怕！为了研究科学，你就是把自家的宅子全拆了，把田地全毁了，我们也决不会埋怨你！"海克自小培养起浓厚的实验兴趣和能力，长大后用实验对低温下的物质性质进行研究，发现了超导体，荣获了1913年诺贝尔物理学奖。

15. 激发认字热情

德国哲学博士卡尔·威特的父亲认为，语言是儿童智力的第一因子，开发智力应该首先从语言训练入手。

威特刚学会辨别事物的时候，父亲就伸出手指头给他看。开始，威特看不准，捉不到。后来捉到了，小威特非常高兴，抓住手指就放在嘴里啃起来。这时，父亲便用温和而又清晰的语调反复发出“手指、手指”的声音。接着，爸爸和妈妈又拿出其他东西给他看，并用同样语调重复着这些东西的名称。时过不久，威特就能清楚地发出这些名称的声音来。再大一点的时候，爸爸和妈妈抱着他辨认一些实物并告诉这些实物的名称。比如，饭桌上的餐具、身体的各部位、衣服的各部位、室内的器具和物品、房子的各处、院子里的花草等。此后，父亲又教他一些动词和形容词。每天不断，持之以恒。

威特刚能听懂说话，父母就天天给他讲故事。讲故事，既是对孩子进行语言训练的好形式，又是让孩子了解世界的方法。父亲讲完故事，常常要儿子复述。几年以后，刚刚五六岁的威特就能记住很多词语了。平时在家里，父亲自己讲话力求发音准确、语言规范、词汇精选、杜绝土语。

在语言训练中，父亲不满足让威特停留在孩子式的表达方式上，而是注意由浅入深，让威特逐步了解使用复杂的词语。威特 3 岁半时，父亲便教他认字。他先买来几本小人书和画册，讲得津津有味时突然停住，说“如果你能认字，这些书你就都明白了”，或者说“这张画上的故事非常有趣，可爸爸没工夫给你讲”。书籍和画册，对威特产生了强大的吸引力，威特要认字的想法和心愿被激发起来了。这时，父亲才把标准印刷体铅字贴到小木板上，以游戏的形式教威特认字和组词，时间不长，威特便能读书了。

在父亲指导下，威特外语学习进步很快，一年学会法语，六个月学会意大利语，九个月学会拉丁语，三个月学会英语。八岁时，威特就已掌握了六国语言，并且能够阅读这些国家的文学作品了。他轻松地学习了植物学、动物学、化学、数学等课程，九岁就考入莱比锡大学，终于成为一个具备多方面知识的著名学者。

16. 对孩子的合理行为报以微笑

对孩子们的某种兴趣和爱好，家长往往只要说上一句指引或赞美的话，甚至只要轻轻点一点头，或是微微地笑一笑，都会促使他们意识到自己所具有的某种特殊才干或是潜在能力，从而激发起他们的巨大的热情和非凡的创造力，甚至从此以后，始终不渝地为此而奉献自己的一切。

列夫·托尔斯泰的父母都爱好文艺，家里有很多文艺藏书。在这种家庭环境的熏染下，列夫·托尔斯泰爱上了读书。有一天，他放开喉咙高声朗读普希金的《致大海》，他父亲听了点点头，脸上露出了赞扬的微笑。这个愉快幸福的印象留在他的心坎上，直到晚年还没有消失。可以这么说，列夫·托尔斯泰之所以能成为一个享有世界声誉的伟大作家，也有他父亲点头微笑的一份功劳。

17. 吟唱诗歌教外孙

高尔基父亲早逝，母亲改嫁，幼年时靠外祖母抚养、教育。外祖母对高尔基的教育、培养主要是通过大量、反复地吟唱各种优美的诗歌来进行的。外祖母从小记熟了大量的、优美的古代诗歌，内容广泛而丰富，对孩子的启迪、教育和影响是多方面的。她总是用亲切的、好听的声音唱这些诗歌给高尔基听。这些吟唱的诗歌成了高尔基最初的文学教育。高尔基后来回忆说："我满脑子都是外祖母的诗歌，就像蜂房里装满了蜂蜜一样，甚至在我思考问题的时候，好像也是在用她的诗歌的形式。"这些诗歌在高尔基心田播下了创作的种子，激发了创作的欲望。高尔基说，外祖母始终是他"最贴心的朋友""最喜欢的知己和最亲爱的人"。她对世界无私的爱，极大地丰富了高尔基的精神世界。

18. 提供丰富多彩的早期教育

早期教育重视知识的广博，有利于孩子成才。歌德是德国古典主义文学的杰出代表。他 25 岁时发表的书信体小说《少年维特之烦恼》风行欧洲，而他的代表作——诗剧《浮士德》堪与《荷马史诗》和莎士比亚的戏剧媲美。这位伟大的诗人之所以能奏响壮丽的人生乐章，和父母对他进行有计划的多方面的早期教育有着密切的关系。

歌德是婴儿时，父亲常常抱着他到花园、野外或马路上散步，教他做游戏，让他充分领略和感受大自然的美；稍大一些的时候，父亲又带他去参观城市里的建筑物，同时讲解城市的历史，并讲述自己在各地游历时所闻所见的风土人情，使孩子学会欣赏美。

德国的文化艺术是一座宝库，父母很早就把他引进这座宝库，让他充分领略宝库中闪烁着的奇光异彩。父母深知，戏剧是一门包含了文学、表演、舞蹈、美术、音乐乃至武术和杂技的综合艺术，他们十分重视戏剧对孩子的熏陶。祖母曾送给小歌德一座木偶戏院。歌德六岁时，父母就安排他学习排戏，十岁时让他练习写剧本。平时，母亲坚持天天给小歌德讲故事。讲故事时，母亲从不一次把故事讲完，常在关键地方停下来，让歌德自己想象后面的情节，第二天，让歌德自己先说，然后再继续讲。这对歌德后来写剧本和小说受益匪浅。另外，父母还让他学习外语，学习理科知识，学习美术、音乐、舞蹈等。歌德从小就善弹钢琴，吹得一口好笛子。八岁时已能用德、法、意、拉丁语和希腊语阅读。丰富多彩的早期教育，为歌德最终成为世界著名的诗人、戏剧家奠定了良好的基础。

医学研究提供的数据证明：人在学龄前阶段，大脑发育的速度非常快。三四岁时，孩子接受语言的能力最强，八岁之前是学习语言的最佳年龄，而十一二岁则是发展数学才能的关键时期。在早期教育中，注意儿童智力发展的特点，注重广泛的刺激，对于孩子的成长大有益处。

19. 为孩子营造艺术氛围

安徒生是著名童话作家，出生于 1805 年 4 月 2 日，是丹麦奥塞登人，他的父亲是个穷鞋匠，母亲是个洗衣妇，祖母有时还要讨饭。

安徒生的家里只有一间小房子，破凳烂床已把这个小小空间塞得满满的了。不过这个小房子的墙上却挂了许多图画和作为装饰用的瓷器，橱窗柜上也摆着不少的玩具，旁边还有一个摆满书籍和歌谱的书架，门玻璃上画着一幅风景画……在孤独的安徒生看来，他们家真是一个艺术展览馆。为了消除孩子的寂寞，爸爸常对他讲《一千零一夜》中古代阿拉伯的传统故事。有时为了调剂一下生活，爸爸特地给孩子念一段丹麦喜剧作家荷尔堡的剧本。在他们的书架上，还有一套丹麦文的莎士比亚戏剧集，爸爸也常常把这本集子抽出来朗诵几段。这些剧本里的故事更接近现实生活，同时也更丰富多彩。听了这些，使小安徒生常常幻想自己是一个表演家：他要把那些生动的故事通过人物表演出来。于是他便把橱窗上爸爸雕刻的木偶打扮成剧中人物开始表演。小安徒生对这种游戏逐渐产生了浓厚兴趣。他用自己一双灵巧的小手，用碎布片给木偶人缝制了各种不同身份人的小衣服——讨饭的穷人、欺压老百姓的富人和贵族、没人理睬的穷人娃娃等。慢慢地，他从表演剧中人发展到表演现实生活。他根据自己的实际生活，开始编起木偶戏来。在他创造出来的这个新世界里，小安徒生暂时忘了一切。

为了扩大孩子的精神世界，爸爸妈妈还让安徒生到街上去观察生意人、手艺人、店员、乞丐、坐着四轮马车横冲直撞的贵族地主、伪善的市长和牧师。爸爸妈妈要求孩子研究他们的生活习惯、快乐和悲哀。安徒生敏锐地看到，有的人装腔作势，挥霍浪费；有的人却辛勤劳动不得温饱。这些生活阅历为他日后的童话创作奠定了坚实的生活基础。

20. 鼓励儿子远游四方

明代地理学家徐霞客，从小聪颖过人，酷爱大自然，但受“父母在，不远游”教条的限制，壮志难酬，心里十分矛盾。

母亲王夫人得知儿子的志向，热情鼓励徐霞客说：“好男儿志在四方。周游四方是磨炼意志、增长才干的好办法，我全力支持你！”并亲自为儿子准备行装，送子远行。在母亲的鼓励和大力支持下，徐霞客精神百倍，无忧无虑地踏上了征程。

徐霞客每次远游回来，都要向母亲讲述途中所见、所闻，并抒发自己的感想。母亲总是表现出极大的兴趣，认真倾听，并为儿子做好吃的饭菜，以示鼓励。一段时间，徐霞客放心不下年迈的母亲一人在家，无人照顾，母亲就对他说：“你放心出去吧，我身体很好，不用你牵挂。”并振作精神让儿子放心。

在母亲全力支持下，徐霞客几乎游遍了大半个中国，考察了相当于现在的十六个省的地方，用毕生的心血写成了《徐霞客游记》这部空前绝后的奇书，为后人留下了宝贵的遗产。

21. 收藏报纸等女儿长大后学习

在苏联卫国战争中献身的卓娅和舒拉，成为亿万中国青少年学习的榜样。

卓娅的父亲究竟是怎样教育孩子的呢?

那时，卓娅的爸爸在研究院工作，又在速记讲习班学习，并且还努力准备上函授大学。妈妈任小学教员，同时又在师范大学读书。他们每天晚上回到家时，孩子常常已经睡觉了。因此，他们教育孩子的时间很少，不可能对孩子进行长篇大论的说教，于是他们便把教育孩子的工作渗透到日常生活中每一件琐碎的事情上，渗透到自己的每一次举动、每一个眼色甚至每一句话中去。他们教育孩子是十分细心周到的。

苏联人民的伟大领袖列宁逝世的时候，卓娅刚出生。她的父亲和全体苏联人民一样，经受着巨大的悲痛。就在这时，他们也没有忘记教育孩子。他们把刊载斯大林誓言的报纸收藏起来，准备等女儿长大后学习。

14 年后，准备入团的卓娅果然读到了这张发黄了的报纸，看到了庄严的誓词，激动人心的誓言，拨动着卓娅的心弦。第二天，她就从图书馆借来了斯大林其他的演说，一本本地读下去。一张发黄的报纸，引出了一张很长的书目单。恰恰是这张报纸，对卓娅产生了深刻的影响。不久，卫国战争爆发，她挺身而出走上前线，化名“丹娘”，在打击德国侵略者的战斗中英勇杀敌，一次袭击敌人时不幸被俘，最后英勇牺牲，成为苏联英雄。

22. 用丈夫的形象教子

北宋政治家、文学家欧阳修，父亲英年早逝，母亲是一个意志坚强的人。她家穷志不穷，靠自己辛勤劳动，养活儿子，并亲自教儿子读书识字，懂得做人的道理。没有钱买纸笔，就用芦秆代替，把沙铺在地上当纸，一笔一画教欧阳修在地上写字。

虽然度日如年，但欧阳修还是渐渐长大了。他深知母亲把自己抚养大是多么不容易，因此很能体谅母亲。他一边刻苦读书，一边尽力分担家务。欧阳修虽然是个懂事的孩子，可是他不明白母亲怎么有那么大的决心和力量来抚养自己。

有一次，欧阳修问起了这件事。母亲深情地说："你父亲死后，我能守寡抚孤，是因为了解你父亲的品德高尚，我决心把你培养成你父亲那样的人。为了你，再多的苦我也能吃。"

母亲为了让儿子学习父亲的好品德，经常对欧阳修讲述他父亲的故事。

一天，她在忙完家务的时候，对欧阳修说："我嫁到欧阳家的时候，你奶奶就已经去世了，可是，我从观察你父亲对你奶奶的纪念中，知道他是个很孝敬长辈的好人。你父亲在家尊敬长辈，在外当官的时候，对公事严肃认真，从不马虎。他白天办公，晚上还要看公文和案件材料，往往熬到深更半夜。对于死刑的材料，总是反复调查、核实。他常说，人命关天，马虎不得。后来由于劳累过度，已经积劳成疾。他知道自己不行了，就对我说：'我不能看到孩子长大了，希望你今后把我的话告诉孩子：人不要贪财图利，生活上不要过分追求，要孝敬长辈，有一颗善良的心。'这是你父亲的遗言，望你好好勉励自己。"

欧阳修听到这里，抽泣着对母亲表示："我一定继承父亲的遗志，做一个品德高尚的人！"

欧阳修的母亲不仅节俭勤劳，而且还很有远见。她对欧阳修要求很严，家境困难的时候克勤克俭，就是后来生活有了好转，也依然保持俭朴的好习惯，她说："今后就是遇上险恶的环境，也不可怕。"

不料这句话后来真的应验了。庆历三年，由于欧阳修支持范仲淹变革，受到朝廷贬职处分。欧阳修母亲对这件事泰然自若，并且对欧阳修说："我们家过惯了贫寒的生活，贬了官也没有什么。我看你思想上也没有负担，就更放心了。"

23. 鼓励孩子勇敢向前

苏联卫国战争时期的英雄奥列格，在少年时期就受到母亲有意识的培养，英雄的母亲说：

“坚强的孩子，老早就什么都要自己试试了，我也不加阻止。奥列格开始学步的时候，像其他孩子一样，不免步履不稳和跌倒，但我从不奔过去扶他起来，而是让他自己站起来，向前走。”

“我们从来不用狼或其他野兽去吓儿子，他愿意独自留在家里，没有无谓的恐怖。有几次，我故意让他到黑暗的房里去拿玩具。他大胆地走进房里，用小手在地板上摸索，一定要找到玩具。”

“夏天，我们常常带儿子到田野上玩。前面有一座小桥，我说：‘走过去，奥

列格。’这座不稳固的小桥在微微地摇动，奥列格头也不回，平静地向前走去，我毫不放松地跟在他后面。”

正是在这日常生活的锻炼中，奥列格逐渐坚强起来、勇敢起来。他在被德寇占领的城市中组织了青年近卫军，给侵略者以沉重的打击。在被捕后他忍受敌人残酷的刑讯逼供，决不出卖组织、战友，最后英勇牺牲。

24. 寄竹板信责子

明朝都城北京，一次皇帝对各地来京的读书人进行考试，没想到，考上第一名中了状元的，竟是一个不满 20 岁的年轻人，他的名字叫费宏。看到把自己的名字列在最前头的金榜在长安街上足足挂了三天，费宏的心里啊，别提多高兴了。他很快就骄傲自大起来，觉得自己比别人高一头，不把别人放在眼里。有一天，一位旧时的朋友来找费宏聊天，因为对某个问题的看法不一致，两个人争论起来。争了好半天，谁也不肯让谁。费宏认为这是伤了自己这个状元的面子，一时火冒三丈，就打了那位朋友一个嘴巴。朋友捂着脸，气愤地走了。打这以后，一对好朋友就互不来往了。

不久，这件事就传到了费宏的家乡江西。他的父亲听说儿子对朋友这样不讲道理，这样没有礼貌，十分生气。自古以来，由于骄傲自大而毁掉自己的人还少吗？费宏的父亲连夜写了一封长信，严厉地教育儿子："你年纪轻轻，却如此不敬重朋友，实在太不像话。你应该赶快到那位朋友家去赔礼，不然的话，你就会犯更大的错误！"随着这封信，这位父亲还寄去了一根竹板子，要求儿子拿着竹板子去向朋友请罪。

读完信，费宏觉得父亲的话语就像声声警钟，提醒着他不要走自大自毁的路，再看看手边的竹板子，费宏感到格外羞愧。他立刻遵照父亲的要求，直奔那位朋友的家。朋友三次找理由拒绝见他。后来，当朋友见到费宏父亲寄来的信和竹板子，却感动得热泪盈眶："你有多好的父亲啊！你有了过错，他这样认真地管教你，可是我的父亲却过早去世了。"在父亲的耐心、正确教育下，费宏后来成为有作为的明朝名臣。

25. “小题大做”训子俭朴

有一次，工匠们为戚家修理房屋。他们对十二岁的戚继光说：“公子家是将门，可以安设十二扇雕花门户。”戚继光向父亲戚景通提出这个意见，哪知立即遭到父亲的训斥，斥责他不该爱虚荣、讲排场。

还有一次，戚继光穿着一双很考究的鞋，被父亲看见了，又挨了一顿训斥。说他小小年纪，却穿这样考究的鞋，长大了就会要求穿好的、吃好的，当了军官后说不定要侵吞士兵的粮饷。戚景通命令戚继光把鞋子脱下来，不许再穿，以免养成奢侈的习惯。

26. 送还捡来的“外财”

很多年以前，在唐朝的东都洛阳，住着一户姓李的人家。这家男主人在孩子很小的时候就去世了，只剩下一个女人，带着几个孩子艰难地过日子。但是，李母人穷志不短，对孩子要求非常严格，自己也时时不忘给孩子做出好样子。

有一年夏天，大雨连绵不断地下了好些日子，家里的粮食眼看就是吃了上顿没下顿，李母急得连饭都咽不下去。哪想到，一天夜里，雨水又把一段院墙给灌倒了，李母急得心里像着了火一样。真是祸不单行啊！买粮食，需要钱；修院墙，也需要钱——可是，找遍屋里屋外，家中哪里还有什么钱呢！

李母正在犯愁，忽然，几个孩子像小鸟一样叽叽喳喳地吵嚷着，欢蹦乱跳地跑进屋来，向妈妈报告说：“有钱了！有钱了！”

这是怎么回事呢？原来，院墙坍倒以后，墙根塌陷，露出一处不大的地洞口，挖开来，只见下面放着一个木槽子，里边摆满了一串串的铜钱。于是，孩子们就欢欢喜喜地来向妈妈报告了。

听到这个意外的消息，李母并没有显出什么高兴的神情，她静静地想了一会儿，就把几个孩子都叫到跟前，抚摸着他们的脑瓜儿，轻声慢语地讲道：“娘早就听别人说，如果没有经过辛勤劳动，就获得了许多‘外财’，那实际上是一场灾祸，只能害了自己。所以明白事理的人，对于‘外财’，总是十分慎重，绝不能随随便便拿来花用。你们说是不是啊？”看到孩子们都很注意地听着，还不住地点着头，李母又接着说：“你们今天好好学习，将来长大成人为国效劳，领到钱了再送回家，那时候娘才高兴哪！”这句话，说得几个孩子都笑了。然后，李母就带着孩子们把那个地洞口又填土封了起来，连一个铜板也没有往外拿。

在李母的认真管教下，几个孩子——李景让、李景温和李景庄，果然品学兼优地成长起来，都在朝廷中担当重任。他们主持正义，廉洁奉公，享有盛名。

27. 孩子流泪时有意回避

张海迪患了脊椎血管瘤以后，爸爸妈妈心里非常痛苦，但他们十分注意保护孩子的自尊心，尽力不让孩子产生自卑感。每当他们发现女儿在独自流泪时，便特意回避。当着张海迪的面，他们从不谈论张海迪的病况。张海迪的母亲说，见到孩子流泪立即去安抚，会刺伤孩子的自尊心和自信心。他们默默地为海迪找来《钢铁是怎样炼成的》《无脚飞将军》等书。张海迪父母待孩子外冷内热，爱在严中，培养了张海迪顽强的意志和奋斗精神，使得她以“中国当代保尔”的形象，站立在亿万青年的面前。

28. 宁可挨饿不让儿子乞讨

宗定久，清代诗人。小时候随母亲在家读书。他 10 岁那年遇上灾荒，衣食无着，但他母亲从不向别人借钱赊米。有人劝他母亲道：“叫这孩子讨点吃的吧。”他母亲果断地拒绝说：“饿死是小事，若叫一个 10 岁小孩厚着脸皮去求人，以后变得不知还有廉耻，败坏了德行，那才是大事。”

宗定久长大后苦钻学问不求官途，行为清高，受人尊敬。

29. 让孩子补上实践课

毛泽东的儿子毛岸英，1946年从莫斯科留学回到延安时，和父亲已分别了整整18年。父子久别团聚，自然十分高兴。毛岸英从小流浪街头，14岁才被找到。但毛泽东并没因此把儿子留在自己身边。

他语重心长地对毛岸英说："你在苏联大学毕业了，还参加了苏联卫国战争，可是你还没有上过中国这个革命大学，你对中国的情况了解很少，缺乏实践这一课，应该补上。理论只是知识的一半，你光有外国的书本知识还不够，还要把书本知识变成自己的才行！你还应当上上中国这个大学，到农村去拜农民为师，你可以学到许多在外国学不到的有益的东西。"

毛泽东建议毛岸英带上小米、菜种和行李，到模范村吴家枣园当农民学习劳动。并嘱咐他，到乡下去，要和农民一起住、一起吃、一起劳动。

毛岸英按父亲的要求到农村认真学习锻炼，学到了很多知识和本领，身体也结实了。毛泽东看了儿子结满老茧的双手后，高兴地对儿子说："你的学习成绩不错嘛！"后来毛岸英又积极报名参加了抗美援朝战争，英勇牺牲在朝鲜战场。

30. 捡起掉在桌上的饭粒

毛泽东在教育子女方面做到了既以身作则又严格要求。他要求子女勤俭节约、艰苦奋斗。他自己睡衣上的补丁数都数不清，吃完饭，每个碗都是干干净净的。有一次，李讷吃饭时，饭粒掉在桌子上，毛泽东让李讷捡起来，李讷没有在意，毛泽东就过去捡起来放进自己嘴里。这件小事给李讷留下了深刻的印象，使她牢牢记住了：要爱惜粮食。

31. 让孩子自己出远门

1964 年夏天，王光美同志在某地蹲点。刘少奇同志写了一封信让 15 岁的女儿平平送去，并嘱托秘书，不要给她买票，不要送她上车站，也不要通知王光美同志到车站接她，一切由她自理。秘书感到很为难，平平毕竟是个孩子，而且从没出过远门。刘少奇同志说："对孩子，一是要管，二是要放。什么叫管？不好好学习，品德不好要管。什么叫放？吃苦耐劳的事情，经风雨见世面的事情，都要放手让孩子去干。这样可能要跌些跤子，但只有这样，才能使他们得到锻炼。"

既"管"又"放"，对立统一。刘少奇同志简单明白的几句话，道出了教育子女的辩证法。

32. 让他多考验一段时间

董良翮是董必武 60 岁时才生的儿子，但董必武对他依然严格要求，认真教育。1969 年，知识青年上山下乡，董必武积极鼓励儿子下乡，叮嘱他虚心向群众学习，好好锻炼自己，做一个普通农民。董良翮下乡半年之后，由于表现好，当地党组织准备吸收他入党。董必武听到消息，连忙安排老伴写信阻止。他对老伴说："你赶紧写信去，不能因为良翮是我的儿子，就这样快吸收他入党。他还要再磨炼，再考验一个时期。当他真正锻炼好了，才能发展他。我看他现在还不一定懂得这个道理，让他再磨炼一个时期为好。"近 80 高龄的董必武为教育孩子可谓用心良苦!

33. 冷静面对心情激动的孩子

李大钊很重视对子女进行教育。他注意研究儿童心理，根据孩子的心理、生理特点，循循善诱地对孩子进行教育。

有一年夏天，李大钊从北京回来，给大女儿李星华和她的哥哥每人买回一包礼物——笔、墨、字帖。孩子们很是高兴，他们立即研墨展帖，端端正正坐在八仙桌旁，各自写了起来。因为小星华是第一次临帖写大字，所以她左临一张，看看不像，右临一张，看看还是不像，气得小脸发红，直想哭出声来，只好赶紧放下笔，躲到后院的风门后面，偷偷地直抹眼泪。这时，李大钊和妻子都发现星华在哭，但都摸不清她为什么哭，妻子正要张口问孩子，却被李大钊拦住了。他说：

“女孩子的心理是很难揣摩的，你要是问她为什么哭，她不会告诉你的。你不要硬逼着问她。哭的原因不是很明显地摆在那里了吗？”

妻子莫名其妙，很不理解。李大钊接着说：

“我记得在一本什么书上看过：一个很可爱的小女孩，一不留神，用小刀划破了自己的手指。这个小女孩立即把伤口包了起来，生怕别人，包括自己的爸爸妈妈发现，直到伤口长好了才给人看。你说这是一种什么心理呢？这就是女孩的一种好胜心。你明白了吗？”

妻子这才恍然大悟。过了一会儿李大钊把星华从风门后面叫出来，一同走到八仙桌前，指着星华写的大字微笑着说：“字写得很好，有点像魏碑帖上的字。因为这是你第一次临帖，写得还不太整齐，笔画有的地方粗，有的地方细；字有的个头大，有的个头小。要是天天耐心练习，就一定会写好的。你看，你哥哥写的也不整齐呀！可是他不着急，沉得住气，只有这样，将来才会把字慢慢地写好的。”

父亲的话使星华受到很大鼓励，同时也使她了解到自己遇事不冷静爱急躁的缺点。从此，星华不仅天天练习写大字，而且不论遇到什么事情，她都能沉着冷静不急躁了。

34. 鼓励孩子勇敢参与运动

贺龙是个勇敢的人，他也教育自己的孩子要成为勇敢的人。

有一次，他的儿子踢球把腿摔断了，石膏绷带还没有去掉，爸爸就要他拄着拐杖去上学。有人担心会出现危险，贺龙淡淡一笑说：“不要娇惯得太厉害了，打仗的时候，带着伤不也照样执行任务吗？”爸爸的话鼓舞了儿子，他把拐杖夹在自行车上，勇敢地用一条腿蹬车上学去了。

贺龙的小女儿贺黎明十六岁那年，学校开展军事体育训练，黎明报名参加了少年宫摩托车训练班。妈妈知道后担心女孩子骑摩托车太危险，不想让孩子去参加。贺龙知道后立即指出：“摩托运动是勇敢人的运动，让咱们的小女儿去锻炼锻炼，做个勇敢的人，还不比把她关在家里好得多吗？”听了爸爸的话，小黎明参加摩托车训练毫不动摇，她决心做个勇敢的人。

35．取名教子

林伯渠一生最疼爱自己的小儿子，但从不娇惯他。

1945 年，林伯渠的小儿子到了上学年龄，他告诉儿子说："你已经长成大娃娃了，今天送你去上学，以后你就自己去好了。"他沉思了一下接着说："对了，今天还得给你起个名字，叫什么呢？就叫用三吧：用脑子想问题，用手劳动，用脚踏实地。"小儿子对爸爸起的名字很满意，说："对，用三一定听爸爸的话！"说完开心上学去了。

36. 不让孩子搞特殊化

林伯渠一生最疼爱自己的小儿子林用三，但从不娇生惯养让他搞特殊化。

有一天放学后，正赶上演秧歌戏，广场上人山人海，小用三个子小，怎么也挤不进去，急得围在人们屁股后面团团转。这时凑巧被几个熟人看见了，把小用三塞了进去，这可乐坏了小用三，他美滋滋地坐在前排看起了秧歌戏。这件事被林伯渠发现了，戏散场后把用三叫到面前，生气地问："你凭什么把别人扒开，自己坐到前排去看戏？干部的孩子，就比别人特殊吗？"用三知道自己错了，含着眼泪向爸爸保证说："我今后再不搞特殊了，再不惹爸爸生气了。"

从此，小用三改正得很好。有一天放学正赶上下大雨，小朋友在学校里都回不了家，老师也很着急。小用三怕老师送他，给自己搞特殊化，就偷偷溜出校门，冒着大雨往家里跑。浇透雨水的黄土地，立刻变得泥泞不堪，一会儿"咬"掉用三的鞋子，一会儿让用三来个脸朝天，当他跑到家里时，浑身透湿，像个落汤鸡。

1946 年，由于战备，小用三远离爸爸妈妈，转学到百里外的"延安补小"。不久，因国民党胡宗南军队进犯，学校开始了转移。小用三独自一人站在山坡上，用含泪的双眼，盼望着爸爸的消息。一会儿，爸爸让警卫员来告诉儿子说："要跟学校一块转移，在转移中，要听老师和大哥哥大姐姐的话，和小朋友团结友爱，一点也不搞特殊，争取当转移中的行军小模范。"七岁的小用三，努力按照爸爸的要求去做，用两只小脚板子走完了两千多里路的行程，终于由延安走到了太行山。在行军中，小用三参加了儿童团，还被评为小模范。

37. 撰联教子

无产阶级革命家吴玉章曾写对联一副用以教子，挂于堂前。联云：

创业难　守业亦难　须知物力维艰　事事莫争虚体面

居家易　治家不易　欲自我身作则　行行当立好规模

上联教育儿孙后辈要艰苦创业，勤俭节约持家，切不可追求虚荣。下联指出做长辈的要以身作则，身教重于言教，处处为后辈作好榜样。

38. 给孩子们写公开信

谢觉哉同志是一个革命的老战士，人们尊敬地称他“谢老”。谢老是一个知识渊博、勤奋好学的老人。在他的影响下，孩子们都很爱看书，特别是他的小女儿谢亚霞，更是一个有名的“书迷”。

但是，亚霞看书只凭兴趣，常常是想看什么书，拿起来就看，不想看了，又随手丢在一边；看到书中有趣的插图，有时竟随手撕下来，或是涂上颜色。在这一点上，谢老的其他孩子也比亚霞强不了许多。

谢老家里的书很多，几乎每张桌上都有书，他家那间大房间，简直像个图书馆，排排的书架上，天文、地理、古今中外，什么书都有，都是谢老精心保存下来的。这么多好书，碰上亚霞和她的兄弟姐妹，书的遭遇真叫人心疼。针对这种情况，谢老给孩子们写了一封公开信：

爱护图书、图画、报刊，是一件很重要的事。对书报损坏、乱丢、失散，是一种很不好的习惯，孩子们必须注意。

大孩子要教导小孩子，见有不爱护书报事，就要互相批评，帮助改正。

教科书、作业本、课外看的书，必须好好收拾，不要丢失，不要弄坏，不可进了中学，就丢掉小学的，进了高年级，就丢了低年级的。

爸爸书架上的书报杂志，孩子们可以看，但一定要爱护。

……

谢老还讲了几个古人爱护书本的故事。这份公开信被打印了许多份，贴在各个书柜的玻璃上。对孩子们启发很大。他们像一群可爱的小鸟一样，叽叽喳喳议论开了，都觉得爸爸说得太对了。

后来，在谢老的儿子谢飞飞的提议下，孩子们建立起一个小图书馆。在这个小图书馆里，各种课本、文学作品、课外辅导读物、科普读物等，都排列得整整齐齐，井井有条。通过这个小图书馆，孩子们不仅学到了不少知识，还培养了他们爱护图书的良好习惯。

39. 写遗书教子

战争时期，许多革命烈士在走上刑场之际仍没有忘记对子女的教育。他们往往通过遗书的形式进行最后的教育。由于这教育是在牺牲生命这样的背景下进行的，因而显得十分悲壮，所以效果更为撼人心魄，意义深远。

刘伯坚是红军第五军团政治部主任，在临终前给兄嫂的信中，他对孩子们未来的道路进行了具体的设想和叮嘱："诸幼儿在十八岁前可受学校教育，十八岁后即入工厂作工为工人。他们结婚更不要早，迟至三十岁左右再结婚亦不为迟，以免早婚多儿女累，不能成就事业。最重要的，诸儿要继续我的志向，为中国民族的解放努力流血，继续我未完成的光荣事业。"

有的烈士临终前还给孩子直接写信，留给他们将来长大时阅读，令人感动万分。著名的抗日女英雄赵一曼烈士，临终前就在刑车上给儿子写遗书：

宁儿：

母亲对你没有尽到教育的责任，实在是遗憾的事情。母亲因为坚决地做了反满抗日的斗争，今天已经到了牺牲的前夕了！母亲和你在生前是永远没有再见的机会了。希望你，宁儿啊！赶快成人，来安慰你地下的母亲！我最亲爱的孩子啊！母亲不能用千言万语来教育你，就用实行来教育你。在你长大成人之后，希望不要忘记你的母亲是为国而牺牲的！

你的母亲赵一曼

一九三六年八月二日

40. 陪儿看电影

鲁迅先生本来不爱看电影，但为了增加儿子的精神食粮，凡有适合儿童观看的影片，他都特意陪他去，不适合儿童的坚决不让去。有一次吃晚饭时，海婴听说家里买了晚上观看狮子老虎表演的马戏票，他高兴透了。谁料父亲不让他去，他急得哭了起来。父亲耐心告诉他："那马戏节目大都是猛兽表演，又在黑夜临睡之前，小孩子看了要惊恐得不能入睡的，对身心健康有影响。"海婴听父亲说得有理也就不哭了。由此看出，鲁迅先生为孩子费了多少苦心。

鲁迅反对打小孩，当海婴太顽皮不听话时，鲁迅就用报纸卷个筒举起来，看上去很严肃。海婴立即喊："爸爸，我下回不敢了！"鲁迅先生也就笑了。海婴就又对父亲发表意见了："等我做爸爸时，决不打儿子的。""如果儿子坏得很你怎么办呢？"鲁迅问。"好好教育他，买点东西给他吃。"鲁迅笑了，对海婴说："主要还是要讲清道理。"

有一回鲁迅正写东西，小海婴闯进来伸出小手按了一下笔尖，纸上立刻印了一大块墨迹，鲁迅十分心疼手稿，但是他没有发怒，放下笔说：“唔，你太可恶了。看，爸爸的心血让你糟蹋了。”小海婴知道错了，红着脸尴尬地跑了。

41. 不必非要上大学

著名作家老舍有一套与众不同的教子“章程”：一是不必非考 100 分，特别是不必门门考 100 分；二是不必非考大学不可；三是应多玩，不失儿童的天真烂漫；四是要有一个健壮的体魄。

他注重的是孩子的自我发挥，不给孩子规定条条框框，不求全责备，更不逼孩子按照一个固定的模式去规范自己。当然，老舍也不主张一味骄纵孩子。他明确要求孩子不可有虚荣心，不可贪心，要诚实虚心，自劳自立。这种朴实的道德品质教育，对孩子的一生来说，十分必要。

42. 写诗教子

写诗给自己的孩子是陆游进行家庭教育常用的方法。翻开陆游的诗集，九千多首诗中大概有一百多首都是他给孩子写的。

一个冬天的深夜，北风“嗷嗷”地叫着，四处没有一点人声。陆游手捧书卷，还坐在油灯前认真地读着书。猛地一阵剧烈的咳嗽，把睡在身边的小儿子陆子聿吵醒了。看到父亲这么晚了还没有入睡，子聿一轱辘爬起来，披上棉袄，站到了父亲身边：“父亲，您这些年来读了多少书，干了多少事啊！累了，您该休息啊！”

听了这话，看着儿子那着急的神色，陆游亲切地笑了：“唉，你年轻，还不懂啊！”他站起来在屋里走了几步，又回到书案前，顺手拿过纸笔，“刷刷刷刷”几笔，一首诗就写好了：

冬夜读书示子聿，

古人学问无遗力，

少壮功夫老始成。

纸上得来终觉浅，

绝知此事要躬行。

读着这首写给自己的诗，子聿又受到一次深刻的教育。

陆游在85岁那年冬天，躺倒在床上不少日子了，病得很厉害，他知道自己不行了，但一心惦念的还是中原大地的收复、祖国河山的统一，他多么盼望着那一天啊！

阴历十二月二十九日，几个儿子围在床边，满眼泪水，守护着不行了的父亲。忽然陆游眼睛里闪现出一片光彩，他挣扎着坐起来，挨个紧紧地握过儿子的手，然后，叫儿子捧过纸，颤颤巍巍地提起笔来，在纸上写下了：

示　　儿

死去原知万事空，

但悲不见九州同。

王师北定中原日，

家祭无忘告乃翁。

陆游写完了这首诗，放下笔，慢慢地合上了眼睛……

700 多年后的今天，我们读着陆游的这些诗，仍然会受到深刻的教育。

43. 抄诗教子

在南方水乡，月亮倒映在水塘里，像撒了满地银。一个儿童，坐在门槛上，给他的妈妈、叔叔、婶婶背诗。他张着嘴，仰着脖，大声背道：

锄禾日当午，汗滴禾下土；谁知盘中餐，粒粒皆辛苦。

昨日入城市，归来泪满巾；遍身罗绮者，不是养蚕人。

“好！背得好！”小孩的妈妈、叔叔高兴地说，“再背一首，给你油炸果子吃。”

小孩想了一下，又背道：

二月卖新丝，五月粜新谷；医得眼前疮，剜却心头肉。

这个背诗的孩子，就是清朝有名的诗词、绘画、书法家郑板桥的儿子。小孩口诵的诗篇，是郑板桥在山东潍县当县令的时候，特地抄寄回来的，并嘱咐家人让孩子背熟、记牢。

郑板桥 52 岁才得了儿子，真是晚年得子，疼爱非常。可是郑板桥对孩子的爱，与众不同，非常讲究“爱子之道”。

郑板桥已经看到“富贵足以愚人，而贫贱足以立志而浚慧”的人才成长规律。就说他给儿子抄背的这几首诗吧，内容全是反映农夫生活的艰辛和被压迫、被剥削的现实，充满了对劳动人民的深切同情。郑板桥教孩子读这些诗，是想让孩子从小就了解劳动人民的生活和他们的思想感情，从而教孩子向贫苦之家的人学习，克服由于家庭生活优裕，容易瞧不起劳动人民的缺点。

44. 建造房院为子着想

北宋王朝有个宰相，名字叫李沆。他在朝廷中掌有大权，很有眼光和办事能力，皇帝宋真宗说他是“忠良纯厚，始终如一”，许多官员称他是“圣相”。

有一年，李沆在当时的首都汴京（现在的河南省开封市）给自家建了一所房院。人们都猜想：这么一个了不起的大宰相，房院一定会盖得宽敞漂亮、富丽堂皇。可是，到他的房院前一看——哎呀，房子又小，式样又普通；特别是房前的庭院，小得只能勉勉强强地容下一匹马转过身去。

这像什么话呀？于是，大家你一言我一语地议论开了，有人嫌房子盖得太矮小，说这一点儿也没有当朝宰相的气派；有人怨这庭院留得太狭窄，说客人来多了连车马都没地方放……

李沆本来正在人群之中，听到众人的议论，他捋着花白的胡子，朝前走了几步，笑着问道：“你们说，我已经50多岁了，这所房院，是我自己住的时间长呢，还是我的子孙们住的时间长？”

“当然是您的子孙们住的时间长啊！”有人思忖了一下，这样回答。

“哎，这就是啦！”李沆连连点头，对大伙说：“我这所房院，如果是当作宰相府，确实是窄小了点；如果是当作一般人的住宅，那可以说是相当宽绰了。你们想想，我的后代子孙们，总不能个个都当宰相吧？所以我这所房院建得并不小啊！”

听了李沆这一番话，许多人都敬佩地点着头。

45. 烈马不卖人

陈省华是宋太宗年间的一个官员，十分注重教育儿子做一个诚实善良的人。有一年，陈家养了这样一匹马：它又大又壮，脊背就有一人来高，一身皮毛油光锃亮，像是一匹闪光的绸缎，四只蹄子格外有劲，踩在石头上直冒火星……可是，这么棒的一匹马，却任是谁也使唤不了！为什么呢？因为它的“脾气”太坏了——不论是什么时候，也不管是拉着车，还是骑着人，它一闹“脾气”，扬蹄子就踢，张开嘴就咬，伤了好多人。这样的恶马还养着有什么用！不久，陈省华的三儿子陈尧咨听说有一路过往运货的商人要买马，就叫人把这匹马牵了去，卖了一笔大价钱。

第二天早晨，陈省华有事经过马棚，无意间发现这匹恶马没有了，就问是怎么回事。养马的人告诉他陈尧咨已经把马卖掉了。陈省华一听，十分生气，命令人立刻把三儿子找了来，问道：“那匹马是你决定卖的吗？”

“是。”陈尧咨回答，又自以为是地说，“卖掉它，咱们就省掉不少麻烦了。”

“不，不对！”陈省华语气很严肃地说，“你没有好好想一想，我们家里有专门养马的人都制服不了那匹马，现在，你却把它卖给了过往的商人，这不知会给他们带来多大的危险啊！”停了片刻，陈省华又教育儿子说：“要记住，我们自己不愿意的事，无论如何也不能加给别人啊！”

陈尧咨不住地点头答应着。按照父亲的要求，他带人赶紧找到买马的商人，讲明情况，把那匹恶马又牵了回来，并且把钱退还给人家。陈家父子的这一行动，得到了人们的夸奖。

46. “听”小树哭

故事演讲家孙敬修看到几个孩子在摇一棵小树，便走到小树旁把耳朵贴在树干上，装作认真倾听的样子，孩子们奇怪地问他在干什么，孙爷爷说：“我听见小树在哭，你们快把它的命根摇断了。”孩子们听了，惭愧地低下了头。这以后，几个孩子成了小树的卫士，为它浇水、培土。这故事启示人们：孩子难免做错事，作为成人，应因势利导，寓教于和谐、幽默之中。

47. 让孩子玩金质奖章

居里夫人是一位杰出的女科学家，她的丈夫名叫彼埃尔·居里，也是一位年轻的科学家。他们夫妇俩不但自己勤奋好学，而且对子女的教育也很严格，尤其是经常教育子女要正确对待荣誉，不要把荣誉看得太重了。有一次，居里夫人把英国皇家学会奖给她的一枚金质奖章交给两个女儿玩，来他们家的一位客人发现后，非常惊讶地大叫起来："啊呀，这可了不得啊，这是极高贵的荣誉，你怎么会随便交给孩子们玩呢？"居里夫人告诉客人说："这是想让孩子们从小就知道，荣誉就像玩具一样，只能鼓励鼓励本人，玩玩就是了，绝对不能把它像神灵一样供奉起来，永远守着它，让孩子幼小的眼睛一直盯着它不放，这对孩子没有一点好处，会使她变得一事无成！"客人听了后，对居里夫人的远见卓识赞叹不绝："还是你想得对啊！"

居里夫妇亲手试验提取的镭，应该属于他们的私人财产。但是丈夫死后，居里夫人决定把那超过一百万金法郎价值的镭赠送给实验室，而没有把这一份巨额财产留给女儿们。她认为，贫寒固然不方便，但是过于富裕也是多余而讨厌的。她告诉女儿们说："你们将来必须自谋生活之路，这是一件妥当而自然的事情。"

居里夫人留给女儿们的良好教育比金钱更为宝贵，孩子们像他们的父母亲一样，在人类科学的道路上奋力攀登。她们的大女儿绮瑞娜·约里奥·居里，后来也成就为一名杰出的物理学家，同她的丈夫一起也获得了诺贝尔奖。

48. 用孩子虐待动物的方法“虐待”他

被称为早期教育之父的德国人卡尔·威特，平时非常重视对儿子的优良品质的培养。有一次三岁的儿子小威特见自己养的狗跑进屋里，就一把抓住狗，硬把它拉到身边。正在一旁的父亲见状，立即抓住小威特的头发不放，小威特吃了一惊，把抓住狗的手松开了，这时父亲才把手放开。他问儿子：“威特，你喜欢被别人拽着头发吗？”小威特红着脸说：“不喜欢。”“如果这样，那么对狗也不应该那样。”卡尔·威特实施这样的教育，是为了让儿子站在他人的立场上来考虑问题，使儿子成为一个心地善良、富于感情的人。如果三岁的孩子自幼就对小动物十分残忍，那又怎能期待他同情爱护其他生灵呢？

49. 教子要有“狠心”

岳云是岳飞的长子，从懂事起，岳飞对他的要求就很严格。

岳云十二岁时，岳飞就叫他跟张宪行军打仗。由于年纪小，身体发育还不成熟，体质也差，因此军中将士给他取了个绰号叫“赢官人”。

有一次，岳云披着重袍参加军事演习，一马当先，在冲下山坡的时候，突然马失前蹄，连人带马，掀翻在地。岳飞见了，认为这是由于岳云懈怠，不经常练习的缘故，生气地说：“如果真的跟敌人打仗，你也这样冒失莽撞吗？”喝令将岳云处斩警示他人。众将求情，岳飞还是责令打了岳云一百军棍。对于这次教训，岳云铭刻在心，以后不管做什么事，总是严肃认真。

岳飞对孩子的教育是多方面的，在生活和学习方面，也都严格要求。平常，一顿饭不准吃两个荤菜，全家人都穿布衣，孩子们不得喝酒；学习闲暇的时候，又要孩子们到菜园里学习种菜，并且对他们说：“种庄稼的艰难，不可不知啊！”

岳飞希望把孩子们培养成抱负远大的人，因此最注意教育他们不要有一点成绩就沾沾自喜。公元 1134 年，随州大战，岳云身先士卒，冒着箭矢登上城头，斩将夺关，立了头功，可是岳飞一句夸奖他的话也没有说。

50. 让老师回答孩子

一位植物学家的儿子拿着一株小草问他的老师，想知道小草属于什么类别，有什么特性。那位老师也不知道，可他是位谦虚而诚实的老师，他和蔼地问那个学生说：“你爸爸不是一位很有学问的植物学家吗？你回去问问他吧，我也很想知道这小草的秘密呢？”第二天，学生又拿着小草回校对老师说：“爸爸说他也不知道小草的名字。他说老师你一定知道，可能一时忘了，要我回来再问老师。”接着那学生还递给老师一封信，说是爸爸让他给老师的，那位老师打开信一看，里面详细写着那株小草的名称和特性，最后还附有一句话：“这问题由老师直接回答，想必更为恰当。”

51. 宰猪兑现诺言

曾参是孔子的学生。他强调做人要诚实，并用这个原则对待和严格教育自己的孩子。

有一天，曾参的妻子要上街。她的小儿子拉着她的衣服又哭又闹，要跟着去。曾参的妻子没办法，就哄孩子说：“你留在家里，妈妈回来宰猪给你吃！”孩子被哄回去了。

曾参的妻子从街上回来，只见曾参拿着绳子在捆猪，正准备宰猪呢。他的妻子赶忙制止他说：“我刚才是和小孩子说着玩的，并不是真的要宰猪呀！”曾参说：“孩子是不能欺骗的。孩子小，什么也不懂，只会学父母的样子，听父母的教诲。今天你说话不算数，骗了孩子就是在教孩子讲假话。孩子如果认为父母的话不可靠，以后再对他进行教育，他就不容易相信了。所以，这样做，对家教是很不利的。”曾参说服了妻子，硬是将猪宰了。

52. 处处做楷模

约翰·布朗是十九世纪美国人民反对黑人奴隶制运动的杰出领袖。他不仅是一位叱咤风云的革命英雄，而且很注意对子女进行教育。

约翰·布朗共有七个孩子，其中六个是男孩。他对孩子们要求很严格，教育的方法主要是以身作则，给孩子们树立良好的榜样。例如，他要求孩子们艰苦朴素，首先自己艰苦朴素，对自己的饭食节省到把黄油也当作不必要的奢侈品的程度。一度他曾适量地喝些苹果酒和葡萄酒，后来他干脆成了一个禁酒主义者。又如，他要求孩子们认真读书，自己首先认真，连一点小错误都能纠正。再如，他要求孩子们尊老爱幼、关心别人，自己首先尊老爱幼、关心别人。他的女儿说："我经常看到我父亲对祖父特别亲切和尊敬。冬天临睡前，父亲总要把祖父周围的被角塞好，夜里还要起来问问祖父晚上睡得是否暖和，他对祖父总是那样和蔼亲切，他真是我们的好榜样。"特别是当别人生病的时候，约翰·布朗那种体贴亲热的态度尤其令人感动。他像慈母一样，通宵不睡，服侍病人。有一次他的妻子病得厉害，他有两个星期没睡觉，亲自照料，承担家务。所有这些，都在孩子们幼小的心灵中播下了良好种子，使他们一个个都养成了艰苦朴素、认真学习、尊老爱幼、关心别人等美德。

53. 寓教于生活细节之中

唐太宗是中国历史上有名的皇帝。他尽管事情多，时间少，但他还是尽量利用各种机会对太子进行教育。他和太子一起吃饭的时候，说：“你知道耕种的艰难，就会常常有这样的饭吃。”和太子一起骑马的时候，说：“你知道马的劳逸，不用尽它的力气，就常常能骑它。”划船的时候，唐太宗就说：“水可以载船，也可以覆船，民众好比水，人君好比船。”夏天，有时候和太子一起在大树底下休息，就指着树说：“木头经过木匠的加工，就会变得方正；你如果善于听从别人的规劝，就会变得明事达理，使国家兴旺。”太子十分乐意接受父亲结合日常生活对他进行的生动、启迪性的教育。一次，唐太宗要亲自带兵远征，太子不愿一人在家。唐太宗鼓励儿子说：“我把你留下独当一面，就是有意锻炼你，让人们认识你的治国才华。”并详细面授机宜。唐太宗晚年，深知自己对太子言传身教的时间不多了，就把自己的思想和经验，写成《帝苑》十二篇，准备自己死后，让太子从书中学习各种道理，唐太宗书写好之后，告诫太子要好好学习，认真领悟，并说：“你更应该学习古代圣贤，我是不能效法的。你学习的标准定得高，也只能学得其中的一部分，标准定得不高，就学不到什么东西了。”

54. 绘制品行表

美国教育家斯特娜夫人为了使女儿养成良好的品行，给女儿绘制了一份品行表。这份品行表，一周一张，主要内容有十三项：服从、礼节、宽大、亲切、勇敢、忍耐、真实、快活、清洁、勤奋、克己、好学、善行。

每当女儿做了符合这些项目的事情，就在那天的一栏中贴上一颗金星；反之，贴上一颗黑星。每星期天数一下，若金星多的话，下周内就可得到和金星数目相等的书、鲜果、头饰等孩子喜爱的东西，若黑星多，就不能得到这些物品。

为了不使孩子沮丧，而使她下决心在下周消灭黑星，这个品行表在每星期统计之后就扔掉。

55. 逆境磨炼

杰奎琳的第一任丈夫是美国总统肯尼迪，第二任丈夫是世界船王奥纳西斯。尽管她名扬天下腰缠万贯，但不能容忍儿子约翰日后沦为无所事事的花花公子。为此，当约翰 11 岁时，她把儿子送到了英国普利茅斯的德雷克岛“勇敢者营地”去受训，学习驾驶帆船、独木舟，爬山探险，锤炼约翰的独立人格。当儿子 13 岁时，她又送他到缅因州的一个孤岛上去学习独立生活的技能，在 20 天的训练中，不给食物只给 1 加仑水、 2 盒火柴和 1 本在野外如何谋生的书。当约翰 15 岁时，杰奎琳再送儿子到肯尼亚的荒野里自求生存……约翰自幼羞怯自卑、优柔寡断、依附性强，正是在他母亲杰奎琳的独立人格的家教下，他变成了一个自信、潇洒、勇敢、理智、节制而富有戏剧表演才赋的青年人。

56. 对诗教子

歌德的儿子，曾在自己的纪念册里，写下了这样的一段诗：

人生在这里有两分半钟的时间，

一分钟微笑，

一分钟叹息，

半分钟爱，

因为在爱的这半分钟里。

他死去了。

歌德偶然看到儿子的纪念册上的这些诗，很不满意。他认为对人生采取这样玩世不恭的态度，太不严肃了。于是他提笔写道：

一个钟头有六十分钟，

一天就超过了一千。

小儿子要知道这个道理，

人生能有多少贡献。

这是两种明显对立的计算时间的尺度。把一生只当作两分钟，游戏人生，那就只能无所作为，浪费宝贵的光阴。真正用一分钟作为时间单位来计划自己的一生，争分夺秒地学习、工作和创造，就成了时间上的大富翁。歌德给儿子写这首诗，正是抓住了对孩子教育中的这个关键问题。

57. 谢绝对聪明孩子的吹捧

孩子比较聪明或取得一定成绩时，做父母的沾沾自喜，因为别人的赞美而喜形于色，忘记教育责任的父母并不鲜见。十九世纪德国著名学者卡尔·威特的父亲非常讲究对自己聪明儿子的教育。当小威特初露才华时，老威特就十分忌讳人家称他儿子“神童”，从不轻易当面表扬儿子。有一次，一位督学官慕名而来，想考一考小威特。老威特同意了，但约定一条：“不管考得怎样，不要称赞我儿子。”考试时，督学官故意出了一些数学难题，然而小威特解答得非常顺当，督学官大为欣赏，禁不住说道：“哎呀！是超过了我们的学者！”老威特一听，赶快纠正说：“哪里哪里，由于这半年儿子在学校里听数学课，所以还记得。”督学官接着又出了一道当时的数学家欧拉考虑了三天才好不容易做出来的难题。只有一杯茶的工夫，小威特又解出来了。督学官又忘记了约定，向老威特祝贺说：“我应该说，你儿子胜过了欧拉！”老威特更不高兴了，在桌子下边掐了一下他的手，脸色严峻地说：“瞎鸟有时也能捡到豆，这也是偶然的。”小威特在父亲的严格教育下，避免了常见的“十岁神童，十五岁才子，过了二十岁成庸人”的厄运。

58. 临死训子自食其力

为后人留下“难得糊涂”名句的清代著名画家郑板桥，在教育独生儿子方面一点也不糊涂。尽管郑板桥老年得子，但对儿子从不娇惯，严格要求他尊重师长、尊重同学、尊重仆人，使儿子具备了良好的品德。郑板桥知道自己快离开人世时，还不忘训练儿子自食其力。临死前，他把儿子叫到床前，要吃儿子亲手做的馒头。儿子不会做，他便命他去请教厨师。儿子请教厨师后把馒头做成了，他却断了气。儿子哭着跪在床前，发现茶几上有张纸条，上面写着遗嘱：“淌自己的汗，吃自己的饭，自己的事自己干，靠天靠人靠祖宗，不算是好汉！”将死之人，还在想方设法教育自己的子女，的确令人感动！

59. 让孩子一切靠自己

许建国曾任上海市委书记，后又长期任驻外大使。他对自己子女要求极为严格，从不允许他们沾他的光、搞特殊化，要他们永远凭自己的能力和本事吃饭。

他的大儿子考大学期间，秘书起草了一封要求组织照顾的信。许建国知道后立即制止，并且批评说：“这样不好，考大学要凭本事，考上就考上，考不上就去做工嘛！”后来他的大儿子经过考试被录取，上了大学。大儿子从北京大学毕业时，许建国的小儿子、女儿们联名给爸爸写信，希望大哥能留在北京照顾弟妹，请爸爸向有关方面说明情况，照顾一下。许建国回信严肃批评了孩子们，教育他们以国家大局为重，少考虑个人利益。结果，大儿子服从学校统一分配，安心离开了北京。

孩子不可能永远靠父母，归根结蒂还是靠自己，靠自己磨炼奋斗，长出真本领，永远受用。许建国所做其实才是真正爱孩子。

60. 卖桥免后患

刘荫枢是清朝贵州巡抚，老家在韩城，他一生为官清廉，晚年回乡探亲时，看到在宽阔的澽水河上，长期没有一座完好的桥梁，阻隔了韩城与南面的联系，给当地经济文化的交流和人民的生活带来很大的麻烦。多少个不眠之夜，刘荫枢辗转反侧，他终于下定决心，倾尽一生的所有积蓄，包括变卖自己的家产，筹集资金，在澽水河上架了一座桥，取名毓秀桥，为当地经济发展和人民日常生活带来了极大便利。

当刘荫枢自感不久于人世的这一年，他把当地政府的官员请到家中，坦诚地对他们说："毓秀桥是我出资建造的，我不敢保证在我死后，我的孩子们不会利用这一点，将桥占为私有。如果有朝一日，他们在桥头设造关卡，收取买路钱，为害百姓，后果不堪设想，这也是真正坑害了他们自己，我的灵魂将不得安宁；我也无法预料，我的孩子们间，是否会因争夺这笔私产而伤了和气，乃至大动干戈。"于是刘荫枢执意要将毓秀桥以十几两银子的代价，转卖给当地政府。

在卖桥的契约上签名画押以后，刘荫枢长长地舒了一口气说："万贯家财有可能变成沉重的包袱，葬送了后代的前程。多少富家子弟就是被这坑害了。我如今已一无所有，总有一天后代人会理解我的心。"

可以告慰九泉之下的刘荫枢的是，他建桥、"卖桥"的这番良苦用心，已被越来越多的人所理解。每当游人漫步在毓秀桥上，回味起这段有趣的历史时，无不受到深深的启迪。

61．卖发待子友

陶侃是东晋名臣，他具有待人诚恳、生活俭朴等许多美德。他的成功得益于他有一位善良的母亲。

有一年冬天，鹅毛大雪纷纷扬扬地下着。陶侃的一个朋友范逵推门而入。陶侃的妈妈见客从远方来，心里很高兴。可是，陶家生活很拮据，用什么东西招待客人呢？客人是骑马来的，连喂马的草也没有呀！陶侃的妈妈心里焦急，在客人面前却丝毫没有流露出来。她让儿子陪客人说话，自己悄悄地把床上新铺的草垫撤下来，铡成饲料，喂客人的马；没有钱，她偷偷地把自己的头发剪下来卖了，打酒买肉，让客人吃好。

范逵当时吃得挺好，睡得挺香，事后发现陶母是剪发、抽垫招待自己，很受感动。这时，他明白了自己的好友陶侃为何有这么好的品行，感慨地说："有这样的好母亲，才有这样的好儿子！"

62. 将桑葚送还邻居

隋朝担任别驾官的赵轨，廉洁自守，教子有方。他的东屋邻居有棵很高大的桑树，亭亭如盖，桑葚落到赵家院里。赵轨怕孩子拾桑葚吃，叫家人把桑葚一个个拣拾起来，全部送还邻居。并且用这件事教育子女说：“我并不是以此传得美名。桑葚东西虽小，但它不是我们劳动所得，就应当物归原主。你们一定要牢记，不要占人家的便宜。”诸子唯唯而退。赵轨成为隋朝以清苦闻名的清官，家风颇好。

63. 纠正傲慢行为

春秋时鲁国大夫穆伯与妻子敬姜生有一子文伯，不久，穆伯因病去世，教育文伯的任务落在敬姜一人身上。

有一次，文伯从外边回来看母亲。陪他一起回家的，还有一群小伙伴。这些小伙伴对文伯毕恭毕敬，言听计从。文伯走路时，他们乖乖地跟在后头，像一条大尾巴；文伯上台阶，他们不敢和文伯同登一阶，总是在下面的一阶上；文伯外出，他们一个个前呼后拥。文伯见小伙伴们如此听话，如此恭维自己，显得很得意，自以为了不起。

敬姜知道了儿子这些表现，很生气，把文伯叫来，说："你太傲慢，太不懂礼貌了！过去武王上朝回来，自己解鞋袜；齐桓公身边有四五个进谏大臣，每天进朝提意见的人，也有四五十人，因此他能成就大业；周公为了得到天下贤人，有时吃一顿饭三次停下，去接待客人，有时中断洗澡，忙着去迎接来宾。这三位圣人尚且能做到尊敬爱护别人，你年少无知，地位低下，却让你的同伴以兄长之礼来对待你，这是很愚蠢的！"

文伯听了母亲的话，很受教育，他马上去向同伴赔礼道歉。后来文伯拜贤师、结良友，对一切人都能以礼相待，成为一个受人尊重的人。

64. 让孩子在无鼻针上穿线

海桑和同学吵架了，原因是同学把她的书碰掉了没向她道歉，她就把人家的书狠狠地扔在地上，并踩了两脚。回到家，母亲知道了这件事，拿出一根针和一团线，说："海桑，过来帮我把线穿上。"海桑仔细一看，针没眼，是根废针，便大声说："妈，这根针没针眼！"母亲说："是呀，你也知道没针眼的针不能穿线？你知道吗，我们每个人的心中都有一根针，那就是心针，宽容和理解就是针眼，只有有了针眼，让他人的形、声、气、言如线般穿过去，才能缝合你和他人的距离，你和大家才能形成一个和谐、温暖的群体。如果没有了针眼，针就变成了小铁刺，只能用来扎人！你想过没有，你的针眼有多大，别人的线能穿过去吗？"

65. 向爱撒谎的儿子撒回谎

比尔的儿子有了一种新的“爱好”——撒谎。有一次，比尔打电话通知儿子，说他回家后要打儿子屁股。回家后父子谈了一会儿，父亲就兑现了他的承诺，实施了精心策划的惩罚，孩子泪水滂沱。比尔问：“你明白我说的不许撒谎是什么意思了吧？”男孩边哭边点头。比尔说：“很好，现在你可以走了，我不打你了。”但是，儿子刚转身要走，比尔又踢了他一脚。儿子转过身来，用一种被骗的目光看着父亲。比尔说：“对不起，我撒谎了。你还想让我对你撒谎吗？”“不，爸爸。”儿子回答。比尔说直到今天他的儿子没有再撒过谎。

66. 让女儿做丢手绢游戏

小英做事精神不集中，学习时也喜欢做些其他事情，因而学习成绩不断下降。妈妈为了帮她认识并克服这一毛病，就特意安排小英与邻居孩子们玩丢手绢游戏。结果，其他孩子每次都能很快发现放在背后的手绢，而小英却几次都没发现放在自己背后的手绢，被罚表演了几次节目。妈妈就趁机启发教育小英："这是因为别的小朋友能集中精力，专心一意，而你却精神不集中。做什么事都应精神集中，不能干着这事，想着那事，心不在焉。你近一段时间学习成绩下降，正是精力不集中的结果，所以，你必须立即克服掉这个毛病，不然，学习成绩还要下降。"小英恍然大悟。此后，她做什么事都努力做到精力集中，学习成绩很快赶了上来。

67. 让孩子只吃主食不吃副食

放学了，小明耷拉着脑袋进了家门，爸爸正在做饭。

小明把书包放下，稍稍迟疑了一下，慢吞吞地挪进了厨房，低着头站在爸爸的旁边，像是一个等待审判的犯人。

爸爸一看儿子这副样子，知道他准又做错什么事了，便开口问道："怎么了？"

"我历史考试没及格。"小明低着头轻声地说道。

"什么？！"爸爸一听，火就要往上冒。

小明一看这架势，就知道情势不妙，连忙搬出自己早已想好的一套话来为自己辩解："爸爸，您别生气，历史是副科，学好学坏都没事的，我的语文、数学不都学得挺好的吗？再说，历史全靠背，没什么意思。"

爸爸见儿子考试失败后还有一套歪理，心里更气了，但转念一想，要让他从心底里服气并转变观念，光靠打骂一顿是无济于事的。于是爸爸火往下压了压，只说了声："先吃饭吧。"

一听此话，小明像获得了大赦，长出了一口气，心想，一定是自己这番话说服了爸爸，这下可平安无事了。他赶忙向爸爸打听："爸爸，今天晚上咱们吃什么？"

"你最爱吃的糖醋排骨。"

一听是自己最爱吃的东西，小明一下子两眼放光，高高兴兴地回屋准备吃饭去了。

开饭了，菜刚上桌，小明急不可待，筷子直奔糖醋排骨而去，不料爸爸却伸手拦住他，说："你今天只能吃主食——馒头，你不是说喜欢主科而不喜欢副科吗？你今天就别吃副食了吧。"

小明一听傻了眼，不过为了不让自己因为历史考试失利而挨打骂，只好硬着头皮干啃着白馒头。爸爸看着他那副故意装出来的无所谓的样子，不禁暗暗好笑。

吃过饭，爸爸故意问小明："白馒头好吃吗？"

"还行。"小明还得硬撑着男子汉的尊严。

爸爸笑了："别装好汉了，如果让你天天只吃馒头不吃菜，你能受得了吗？那你就会营养不良。学习也和吃饭的道理一样，偏科就会造成知识的发育不良。再说，学历史绝不是死记硬背，要有兴趣和肯花工夫。"

68. 写“戒赌诗”教子

古时，一位在外教书的父亲探家，得知儿子沾染上了赌博的恶习。他没有打骂、训斥，而是给儿子写了一首耐人寻味的《戒赌诗》：“贝者是人不是人，只为今贝起祸端，有朝一日分贝了，到头成为贝戎人。”爱赌成癖的儿子看罢，不解其意。父亲为之一一解读：“贝者为‘赌’，今贝为‘贪’，分贝为‘贫’，贝戎为‘贼’。”且严厉指出：赌—贪—贫—贼，为一切赌徒的必由之路，并举例为证。儿子听后，如梦初醒，悔不当初，从此弃赌从善，自食其力，过上了幸福的日子。

69．让儿子引起老师的关注

爸爸问斌斌，李老师喜不喜欢他。斌斌不想回答这个问题，也不知如何回答这个问题。因为说不上喜欢，也说不上不喜欢。爸爸没办法就去请教一个老师的邻居。邻居解释说："老师喜欢一些孩子，而忽视另一些孩子，这是一件无奈的事，也是难免的事。要想让孩子受到老师的关注、关爱，你得让他有自己的闪光点。"于是斌斌爸爸灵机一动，跟斌斌商量出了一个引起老师注意与喜欢的妙方：把今天的作业写得特别认真也特别正确，引起老师的关注。果然，第二天下午放学的时候，斌斌兴高采烈地向爸爸报告说：今天自己被老师好好表扬了一番。并且补充说："李老师今天的头发梳得特别漂亮。"话还没说完，就开始认真写起了作业。

70. 东西忘在家自己回来拿

女儿到学校排练节目，由于走得匆忙，将录音带忘在了家里。当时妈妈看到了，但并不告诉她。结果，女儿骑自行车快到学校了，突然想起，便打电话求妈妈送去。妈妈毫不犹豫地说："不行！你自己忘的就自己回来取。"女儿在电话里无奈地求告："妈妈，我取回带子就误了排练时间了。"妈妈回答说："你可以先向老师承认错误，请老师将你的节目往后调一调，然后再回来取带子！"结果，女儿真的按她说的做了。从此以后，女儿每次出门，该带的东西总是预先准备好，再也没忘过。

71. 引导孩子换位思考

儿童的知识经验不足，特别是儿童意识是以“我”为中心的，所以，认识事物粗浅而片面，是非观念不明确，导致他们言行上会产生各种各样的错误。“设身处地法”能使儿童认识全面、体验深刻，能增强儿童自我意识和对是非的判断力，能增强儿童的责任感。

请看一看下面这位家长的做法。

我的孩子有时爱欺负小弟弟。有一天，他哭着回家，说有个哥哥打了他，要我帮他打那个哥哥。我教育他，打人骂人都是不对的，然后我问他：“你被别人打了，心里怎样想的？”孩子回答：“我不高兴，我恨他。”我又问他：“你平时爱打小弟弟，他们会怎样想？”孩子回答：“他们也不高兴，也恨我。”从此以后，他欺负小弟弟的错误就改了一些。

我和孩子在家里爱打扑克，爱下各种儿童棋。他为了赢，有时故意不照规则办，有时任意改变规则。我认为规则是纪律，在家里就应该养成遵守纪律的好习惯。一次下铁路棋时，他还差 3 格到“北京”（终点），他掷了个“5”，以前他知道，掷多了的该退后，因此这次该退后两格，但他不退后，他说：“我们这次可以这样做。”我又指着“说明”叫他看，他还要那样做。我说：“如果我这样不遵守规则，你同不同意？”他说不同意。我又说：“你和同学下棋你这样做，同学会不会同意？”他说不同意。我说：“这样会和同学闹矛盾，同学会叫你是‘小赖皮’，不和你玩。”他忙说：“好、好、好，我改！”

为了养成爱劳动的习惯，我叫孩子扫地，饭前饭后把凳子放好，做一些力所能及的家务事。但有时他不做，有时做了，却不负责，地还是脏的，凳子还是乱放着的，多次教育也不起作用。有一天，我忙得满头大汗，我就抓住这个机会对他说：

“爸爸妈妈每天很忙，上班有很多工作要做，下班后要买米买菜，回到家里，要煮饭炒菜，还要洗衣洗裤，你看我忙得满头大汗，你扫地也不扫干净。如果你是爸爸，我是儿子，你怎么想？”这一问可把他心触动了，他望着满头大汗的我，激动地说：“爸爸，我要把地扫干净，我还要多做事。”以后，他做事比以前自觉些了，也更负责了。

72. 对犯错的孩子实行“冷处理”

一天，舒拉穿了一件刚买的新大衣出去玩，黄昏回家时，新大衣的衣袋、扣子全被揪了下来，只剩下破烂的窟窿。含辛茹苦的母亲气得周身发凉，而舒拉却是一副执拗的表情。此时，母亲没说一句话，也不看舒拉一眼，只是默默地整理、修补大衣，然后转身回房休息。半夜，当母亲醒来时，发现舒拉还站在床前，等着向她认错。显然，舒拉的母亲所使用的就是“冷处理”的教育方法。

73. 睡前询问最高兴的事

马特跳上了床。

他的父亲格尔德先生为他掖好被子，坐在床边。

“你觉得今天过得怎么样？”父亲问。

“糟透了，”马特答道，“和奈德干了一架，老师让我带了张字条回家。又和妈妈顶了嘴。”

“的确，今天的大部分时间都过得挺糟的。”马特的父亲说，“但是今天也有过得好的时候呀。好了，该睡觉了，告诉我，今天最令你高兴的事是什么？”

马特笑了：“放学后我去钓鱼，没有人愿意和我一起去，我只好自己去了。我想肯定一点儿意思也没有。可是真有高兴的事——我钓了一条鱼！”

“我很高兴你玩得开心。”格尔德先生说道，“一直到你睡觉都想着这件事吧。现在我要关灯了。祝你做个好梦。”

“晚安，爸爸。”马特说。

父亲吻了他，祝他晚安。

每天晚上，格尔德先生都要和马特进行这样的谈话。马特都要回答同样的问题：“今天你遇到的最好的事情是什么？”

有时他得使劲想哪是最令他高兴的事，哪怕那是一件很小的事。

马特的父亲教了他儿子一种好的方式来结束一天的生活。应该说，方式和过程都不复杂，大家都可以试一试。

74. 拿了冠军不献花

火车开进了成都车站，在法国和南斯拉夫举行的国际象棋比赛中吃了败仗的刘适兰，感到脸上火辣辣的。她想妈妈一定不会来接她了。

谁知一出车厢，只见爸爸、妈妈、姐姐、姐夫都在站台上迎接她，这是她家最大规模的欢迎仪式了。母亲和女儿激动地拥抱在一起，往事不禁浮上心头。

1981 年 11 月，刘适兰去菲律宾参加比赛。临行前妈妈鼓励她说："参加比赛就要给中国人争气。你要是得了冠军，妈妈拿着鲜花到车站接你!"

"妈妈说话算数？"女儿自信地说。"算数！"妈妈高兴地回答。

刘适兰果然不负众望夺得了冠军。这可急坏了妈妈，冬天到哪儿去找鲜花呢?为了遵守诺言，她跑遍成都终于买到了一束鲜花。可是花捧在手里，妈妈又改了主意。她想：女儿拿了冠军，我就去献花；要是输了呢?应该让她学会正确地对待自己的胜负。于是她决定不去接女儿，把好不容易买来的花养在花瓶里。

刘适兰哪里想到，今天自己失利归来，妈妈却破例向学校请了假来接她。因为妈妈深知，女儿此时需要的是安慰、谅解和鼓励。

刘适兰重整旗鼓，奋战沙场，终于成为女子国际象棋特级大师。

75. 诱导孙子学画画

倩倩终于上了我和老伴设下的“圈套”，我俩如释重负，互相看了一眼，开心地笑了。

一个月前，倩倩进了学前班。这孩子性格倔强，天不怕地不怕。老师上课时她想干什么就干什么，唉，她也许根本就不理解“上课”是怎么一回事。尽管老师“软硬兼施”，可她依然“我行我素”，啥也不听，当然也就啥也不会。

怎么才能把倩倩引上“正路”？我和老伴悄悄地定下了“锦囊妙计”。每当倩倩在家的时候，我总拿简笔画帖给她看，“看这上面画的是什么？”“小白兔、大肥鱼、大萝卜、向日葵……”“这些画儿可好看？”“好看好看！”“爷爷也喜欢这些画儿，爷爷要把它们都画下来。”说着，我真比着画帖画起来。倩倩静静地看爷爷画，奶奶说：“倩倩，你不会画，还是出去玩儿吧，别打扰爷爷。”倩倩离开了，但样子有点不情愿。一会儿我又故意把她喊回来：“倩倩，看爷爷画得好不好？”我让她看看我的画再看看画帖。“爷爷画得不好，小白兔长了大灰狼的尾巴。”原来我故意给小白兔画了一条大尾巴。“倩倩，你能帮小白兔画条尾巴吗？”我递过去橡皮和铅笔，她竟毫不客气地又擦又画起来。

有时我故意把画与画帖放在显眼的地方，却郑重其事地交代倩倩：“爷爷的画儿好看极了，你千万别动，别给爷爷弄坏了。”倩倩走开了，但一会儿又回来了。她刚想伸手去拿画儿，奶奶却又开了腔：“你又不会画画儿，拿爷爷的画有什么用？”倩倩无可奈何地走了。一会儿，她见爷爷奶奶不在，便偷偷地翻看起来……后来，她不但喜欢上了画画，还喜欢上了墨笔描红、简单的计算、唱歌跳舞。

76. 做饿鱼碰壁游戏

由于工作原因，我的儿子一直寄居在他姥姥家，如今已读小学六年级了。前些天儿子打电话对我说，他坚决要辍学，原因是患上了“学校恐惧症”，一提上学就怕得要命，尤其是对作文课更是深恶痛绝。总之，他已彻底丧失了读书的信心。如何使儿子重新树立起上学信心，已成为我的燃眉之急。经过冥思苦想，终于记起了一位心理学家曾做过的一个有趣的实验，于是，我便在儿子生日那天赶回家中，用与儿子一起做实验的方法，使他很快恢复了学习的信心。

那天，刚吃过早饭，我便将儿子带到室内的大鱼缸前，故作神秘地对他说：“来，咱们开心地在一起玩一会儿，共同做一个有趣的实验，怎么样？”玩是孩子的天性。寓教于乐，使他们在愉悦的参与中受到启迪和教育，往往能收到事半功倍的效果。这是我在 30 年工作实践中得到的体会。果然，儿子一听说要做实验，便来了精神，高兴得手舞足蹈起来，与吃饭时那副蔫相相比，判若两人。

鱼缸里，养着一条吃小鱼的大鱼，已有几天没喂它任何食物了。我用一块透明的玻璃插入鱼缸，将鱼缸一分为二。然后，让儿子在鱼缸的另一边放进了一些大鱼能吞食的小鱼。这时，饥饿已极的大鱼看到那些小鱼时，立即拼命向小鱼冲去。“砰”的一声，大鱼重重地撞击在玻璃板上。然而，那大鱼并未善罢甘休，又接连数次向小鱼发起冲击，当然均以失败而告终了，在那里喘息起来。看到这些，儿子哈哈大笑，笑得都流出了眼泪。这时，我示意儿子将玻璃板悄悄抽掉，那些小鱼便游到大鱼身边，有的甚至与大鱼擦着肚皮游过，而大鱼却再也不吞食小鱼了。儿子被眼前这现象惊呆了。他注视良久，才百思不得其解地问：“妈妈，那大鱼为什么不再吃那些小鱼了呢？”

于是，我趁机点破“主题”说：“因为它经历几次‘碰壁’以后，已彻底丧失了成功的信心。”见儿子默默低下了头，我又接着说：“老师讲解的知识，就像那些小鱼；你呢，正在求知年华，就像那条饥饿的大鱼。若小小年纪就丧失了求学的信心，成为新时代的文盲，则是不堪设想的。”儿子听完我的话后，点着头，转身便跑进他的房间学习，连午饭也没出来吃，心痛得姥爷姥姥像被针扎了似的。

77. 留纸条教子

父亲放在抽屉里的钱不翼而飞，与妻子分析，显然是女儿拿了。父亲本想狠狠教训女儿，但想到女儿已是15岁的中学生了，如果再行体罚，孩子肯定接受不了，反而适得其反。父亲估计女儿可能还要到抽屉拿钱，于是就认真写了张纸条，在纸条上批评教育女儿。纸条是这样写的：

倩倩，最近爸爸的抽屉里的钱几次都不见了，我想是你拿的吧？倩倩，你要是需要钱，又不是乱用，可直接向爸爸要。你这样招呼也不打一声就拿，不好吧。作为一个中学生，该知道这是什么行为。爸爸之所以这一次不直接责备你，就是考虑到你已经不是好多年前跟爸爸撒娇的女孩儿了，爸爸尊重你的自尊心，而你也应该懂得自重，因为这对一个女孩儿来说极为重要。好了，只要你以后不再出现类似的行为，你就永远是爸爸的好女儿。

第三天，父亲拉开抽屉，发现多了女儿写的条子，上面写道：

爸爸，我错了，心里非常愧疚！谢谢你对我的原谅，我会永远记住这个教训，更不会辜负你的期望。

自从与女儿做了那次笔谈，父亲的抽屉里再没少过一分钱，而且女儿各方面都比以前更懂事了。

78. 循循善诱断早恋

长大了，女儿似乎只亲近同龄朋友，与父母生分起来。一名女生早恋，回家总是躲进自己的小房间。怎么办？她母亲施展了妙招。

中午女儿一放下碗，又准备回那间只属于她的小房间。“怡妍，你愿不愿帮妈妈收拾一下？”女儿虽不十分乐意，但还是留下了。忙碌中，母亲向女儿谈起15年前，爸爸妈妈是怀着怎样的喜悦心情盼着她的降临，又是如何小心地呵护她从蹒跚走向稳健。“怡妍，不论谁，在父母眼里，都是宝贝，你说是吗？”怡妍笑了笑。“其实，在你还没出生时，妈妈就经常同你聊天。”女儿不相信似的睁大了眼睛。“那时，我们母女就是靠那条脐带联系着。有时，你的小手一伸、小腿一蹬，只要妈妈一边抚摸，一边说话给你听，你就不闹了。那会儿，我和你爸爸就猜，你一定是个讨人喜欢的乖孩子！现在的你，的确很出色，只是大了，妈妈不能随时随地照顾了！”女儿察觉到妈妈的伤感，悄悄靠过来并挽起了妈妈的胳膊。

“有些道理其实很简单。你看我们家院子里那棵桃树：倘若二月开花，不管它带着多美的希望，因为寒气太重了，即使开花了也留不住，留不住花，自然就结不了果；若在阳春三月，开过美丽的花后还会拥有硕大的果。就像你们学校的学生，都只有十五六岁，如果有人坠入个人感情，你看会像哪种情况？”

女儿马上低下了头。“妈妈相信，你不会犯那样的错，不过提醒一下罢了。你一直都是妈妈引以为荣的好女儿！”

79. 故事说理

菲菲回到家里，将小书包往桌子上一摔，委屈地说："今后，我再也不想上唱歌课了！"妈妈觉得很奇怪，菲菲唱歌不是不错吗？"为什么不想唱歌了呢？"妈妈问道。"李老师根本不想叫我起来唱！她上课故意不看我，她知道我会唱歌，而且我的手举得最高！"

原来是这样，妈妈觉得很可笑，于是讲了一个鸡妈妈孵鸡蛋的故事。然后问小菲："鸡妈妈会不会只去孵那只最大的鸡蛋呢？"菲菲若有所悟地说："当然不会！""那老师上课时，应不应该只让唱得好的小朋友起来唱歌呢？""不应该。"优秀的老师，既爱金凤凰，也爱丑小鸭。菲菲突然觉得李老师原来是个好老师。没有空洞说教，用一个故事很容易就说服了孩子。

80. 撰格言教子

朱柏庐是明朝的秀才，清朝时坚决不当官，受他传授的学生很多。作为封建社会的一个知识分子，他的教子方法很特别，就是撰写格言教子。他将自己的教子思想都用格言的形式写出来，所涉内容十分广泛，且为人所公认。如“自奉必须俭约，居身务期质朴”“一粥一饭，当思来之不易；半丝半缕，恒念物力维艰”“施恩无念，受恩莫忘”等。后来这些格言汇成《治家格言》（又名《朱子家训》），是中国历史上有关家庭教育的著作中影响较大、流传最广的。

81. 写书教子

北齐颜之推，幼年丧父，没能受到很好的家教，反而受到社会上坏风气的影响，沾染了一些不良习气。为了使子女不再重蹈他的覆辙，颜之推回顾自己一生的经历，把那些“经过耳目”的事情，“铭肌镂骨”的教训，一一记下，分类编辑，写成了一部二十卷的家教专著《家训》。不论当时还是现在来看，这都是极为难得的。颜之推在说明自己写《家训》的目的时，明确指出是为了教育自己的子孙。他认为：“同言而语，信其所亲；同命而行，行其所服。”父母和子女，既有亲属关系，又在子女面前有一定威信，所以父母的教育作用往往是其他人难以代替的。颜之推在《家训》篇首指出：“禁童子之暴谑，则师友之诫，不如傅婢之指挥；止凡人之斗阋，则尧舜之道，不如寡妻之诲谕。”他希望自己用亲人、长辈身份写的这本书，能在教育子孙方面起到比“傅婢寡妻”更大的作用。此书至今仍有较高的价值。

82. 利用地图教子

在我家的屋子里，有一个小角落，是我女儿苗苗学习和生活的地方。在她 2 岁那年，我将一张中国地图贴在她这块“小天地”的墙上，当时她好奇地问：“这是什么？”我告诉她，这是中国地图，并告诉她，你就生在中国，家住北京。从那时开始，我就逐渐地教她认识地图。

每当她安静地坐在地图前，我们就开始认地图。在认识各地区的时候，我就把家里她熟悉的人安排在各地区里。例如，我指着地图告诉她，爷爷在新疆，奶奶在西藏，舅舅在内蒙古，将所有的地区都安排她所熟悉的人，通过这种形象的比喻，她很快将全国各省都认识了。

随着时间的推移，我时常帮她复习，并逐渐教她新的内容，让她练习拼图，并让她认识单块的拼图。另外，还告诉她中国的长江、黄河在哪儿，我国的最高的山峰在哪儿，最大的淡水湖在哪儿，还教她认识我国的山脉，同时随着每晚的天气预报，告诉她各省的简称和省会，使她逐渐地对我国的地理知识产生了浓厚的兴趣。

随后，我又给她买了整幅的中国地图和世界地图，贴在她的床前，她一有时间就在那里看，慢慢地又增加许多新的知识。同时，我们还特意在每年假期，带她到祖国各地旅游。在每去一处前，她就首先在地图上将这个地方找到。在 1989 年暑假，我们带她到华东一带旅游，她高兴地在地图上画出一条旅行线：北京—徐州—连云港—青岛—烟台—北京。这样，在旅游的过程中，她更加牢固地记住了所学过的知识，并且又得到了许多新知识。

经过一段时间的学习，我开始教她看世界地图，一个洲一个洲地教，一个国家一个国家地记，使她对世界地理的一些基本知识有了初步的了解。

在她上小学一年级时，学校组织六年级学生进行智力竞赛，在那次活动中，全校各年级也派人参加旁听。当观众抢答地理题时，她也抢答，并且答对了，这更使她增强了学习地理的积极性。电视台播放电影《环游地球 80 天》，她非常爱看，看后将主人公的环游路线，一个个地记下来，后来竟熟练地将环游路线背了出来。

83. 夸赞邻家子

张耒是北宋诗人，注重孩子的教育。当时，他有一个邻居生活比较艰辛，以卖饼为业，每天天还未亮，就沿街叫卖，即使遇到大冷天，寒风凛冽，也照样叫卖不误，而且每天出门的时间都很准。张耒十分感动，于是写下一首七言诗：

城头月落霜如雪，楼头五更声欲绝。

捧盘出户歌一声，市楼东西人未行。

北风吹衣射我饼，不忧衣单忧饼冷。

业无高卑志当坚，男儿有求安得闲。

张耒写这首诗的目的十分明确，就是劝诫、教育自己的儿子：要学习卖饼的邻居坚强的意志。张耒的孩子们也肯定十分熟悉这位邻居，用他做榜样自然很有说服力。张耒着重称颂了卖饼的邻居的勤劳和不畏艰苦的品质，意在启发引导孩子们：无论办什么事，要实现自己的目标，都要有吃苦的精神，要发愤图强，不能贪图安逸。

84. 对不当欲求佯装不知

一位母亲带着一个小男孩上了公共汽车。小男孩一上车，就习惯性地东张西望，看看有没有空位子。但是座位全被坐满了，小男孩便露出不满的神情看着母亲。而母亲一眼便看出孩子的心思，但她却十分镇静，假装不知孩子的欲求。在凝视着车厢里的一幅广告一会儿之后，她仿佛想到什么事而突然笑了起来，接着她对孩子说了一些话，孩子也跟着笑了起来。这样，一路上小男孩很高兴的样子，再也没有关心座位的事。有句俗话："不要叫醒沉睡的孩子！"说的就是在提醒孩子某件事时，反而会使他想起这件事，唤起他的欲望。明智的父母应对孩子某些不当的欲求采取漠不关心的态度，佯作不知，这样反而能有效阻止孩子的欲求，帮助他抵抗事物的"诱惑"。

85. 逻辑分析纠骂人

有一位家长，启发孩子要改掉骂人的缺点，引导孩子设身处地地为被骂的人想一想。

她问孩子：“你爱不爱妈妈？”孩子不假思索地回答：“爱！”“要是有人骂我，你怎么办？”“我去骂他！”“那你经常骂别人的娘，别人肯定也要骂我了！”孩子被问住了，她又对孩子说：“骂别人的母亲就等于骂自己的妈妈。你以后多想着别让我挨骂，就不会随口讲脏话骂人了。”

孩子听了这番教导，逐步改掉了骂人的缺点。